La Belgique à feu et à sang !

Histoires vraies

Version originale
La Belgique à feu et à sang !

6, route de Compois
1222 Vésenaz / Suisse
Tél. 022/722 06 46
Fax 022/722 06 49
E-mail : dany.goldstein@axions.ch
Droits : Steven Goldstein
E-mail : steven.goldstein@axions.ch
ISBN : 978-2-940-349-27-2

Web : www.scenes-de-crimes.com

Design de la couverture : Séverine Collé
Mise en page : Atelier Françoise Ujhazi, Genève
Crédits photos : Droits réservés

Imprimé en Allemagne

La Belgique à feu et à sang !

Philip Wilkin

Histoires vraies

Ecrit avec la collaboration de Laure W.
(documentation et secrétariat)

Texte original

LES ÉDITIONS SCÈNES DE CRIMES™

Sous le pseudonyme de Philip Wilkin se dissimule l'une des facettes d'un écrivain belge polymorphe (romancier, nouvelliste, conteur, essayiste, scénariste et critique littéraire).

Du même auteur :

Sous le pseudonyme de Philip Wilkin :

Cagliostro, de l'affaire du collier aux geôles de l'Inquisition, Marabout, 1995.

Le Comte de Saint-Germain, Marabout, 1996.

Cagliostro, ciarlatano o superuomo ?, Armenia, 2000.

Escrocs et voleurs à travers le temps, Scènes de crimes, 2007.

Sous le nom de Philippe Remy :

Bartolomé de Las Casas, Bayard, 1999.

Le Jour du dernier pape, Melchior, 1999.

La Chambre close, Phébus, 2006.

Le Crime et la Mer à travers le temps, Scènes de crimes, 2006.

L'Epopée de Gilgamesh, Maelström, à paraître en 2007.

A mon fils Julien-Paul,
à l'occasion de ses 15 ans.

A tous ceux qui ont souffert des crimes évoqués
dans cet ouvrage,
victimes, familles et amis, mais aussi innocents
injustement poursuivis.
A tous ceux qui, bravant courroux et apathies,
ont osé lever la main pour dénoncer,
rechercher et protéger,
comme à tous ceux qui ont su raison garder
et refuser de hurler avec les loups,
tous mus par la quête de la Vérité et de la Vie.

Préface

Il existe de singulières convergences. Car, au moment d'aborder des sujets spécifiquement belges, je constate que l'histoire de ma participation à ce projet tient à deux points d'ancrage… suisses.

Ovronnaz, août 1996.

Je suis en vacances à la montagne avec mon épouse et mon fils de cinq ans. Un beau chalet. Confortable. La télévision, que l'on n'avait pas demandée.

Le soir, après nos randonnées, nous regardons sur TV5 la rediffusion du journal belge, un apéritif à la main. Un jour, le choc. L'affaire des jeunes disparues, qui a tenu la Belgique en haleine, semble (alors, du moins) trouver un épilogue. Un certain Dutroux a été appréhendé, Sabine et Laetitia sont sauves mais, dans la foulée, des fouilles, la découverte des corps de deux fillettes dont le sort nous importait tant.

Julie et Mélissa. Les petites fiancées de la Belgique, dont le combat des parents a bouleversé des millions de citoyens et dont beaucoup d'entre nous, très sincèrement, ont épousé une part du fardeau. Louisa et Carine, Jean-Denis et Gino, qui ne s'appartiennent plus vraiment. Les hérauts ou les héros d'un peuple. Des gens simples qu'on a appris à estimer au plus haut point et à aimer.

Moi qui n'avais plus pleuré depuis l'enfance, j'en ai les larmes aux yeux. Mon épouse qui pleure. Mon fils qui ne comprend pas, auquel il va falloir expliquer l'horreur, comme à une génération d'enfants belges.

La génération *Dutroux*. Arrachée à la magie de l'enfance. On a tué le Père Noël. Des Pères Fouettard (NdA : en Belgique, c'est le compagnon de saint Nicolas, censé punir les garnements) hantent nos rues, une lueur meurtrière dans le regard.

Un souvenir fort, très fort. Inaltérable.

Genève, février 2006.

Un coup de fil d'un éditeur suisse lâché par l'un de ses auteurs happé par le cinéma. Un sujet en rade, qui lui tient à cœur.

Un an plus tôt, j'avais refusé le projet. Pas envie d'aborder le crime, la douleur sans le recul de l'Histoire. Pas envie de gagner des sous avec le malheur d'autrui. Mais cette fois, pris par surprise, j'acquiesce. Pour soulager un éditeur qui m'a octroyé beaucoup de liberté dans deux autres projets. Parce que j'ai choisi de consacrer une grande partie de ma carrière à la Belgique et, qu'au-delà des tragiques faits divers, des dossiers criminels ont acquis une ampleur, un arrière-plan qui révèlent nos insuffisances, nous interrogent, nous bouleversent. Et surtout, finalement, parce que l'envie me prend de passer du temps avec toutes celles et tous ceux qu'on ne peut oublier. A la rencontre du souvenir et de la douleur. Pour accomplir un deuil, peut-être. Ou alors un ultime effort, après toutes ces années, pour y voir clair, démêler ce qui peut l'être, comprendre davantage.

Tant pis, donc, je me lance. Et j'irai jusqu'au bout, ayant eu pourtant le désir dix ou vingt fois réitéré de tout laisser tomber. Et je ferai l'impossible pour rendre agréable, captivant même, un récit qui me noue les entrailles.

La Belgique.

L'Europe et le monde la voyaient comme un pays de Cocagne, une contrée de bons vivants peuplée de gros bourgeois rougeauds. Peu d'allure mais de l'humour, le sens de la fête. Les compromis et la tranquillité.

Mais non, en ces années 1980/1990, on se rend compte qu'il n'y a pas que nos sempiternels problèmes linguistiques, ces relents de don Camillo ou de Clochemerle. Non, la *Belgique de Papa* bascule.

Pour le meilleur, bientôt, avec nos frères Dardenne, nos Poelvoorde et Gourmet, nos Geluck et autres artistes, écrivains, acteurs ou couturiers plébiscités par Paris et l'univers.

Mais, d'abord, pour le pire : l'assassinat du leader socialiste André Cools ou l'enlèvement de Paul Vanden Boeynants, le politicien le plus populaire de l'après-guerre, la mafia du bâtiment en Wallonie ou celle des hormones en Flandre, les scandales qui poussent les trois Guy (Coëme, Spitaels et Mathot, la tête du PS wallon) à la démission, les Tueurs fous du Brabant wallon et les disparitions d'enfants, etc.

A tel point que je m'interroge et songe au traumatisme de *Dallas 63*. On a dit que l'assassinat de John Kennedy avait détruit le rêve américain, révélé dans la foulée l'envers d'un décor très peu reluisant. Derrière la machine à rêves, ô combien rose, d'Hollywood avait émergé l'ombre hideuse de la véritable Amérique (mafia, corruption, délires sexuels...).

Eh bien, les affaires des années 1980/1990, et principalement la saga des fillettes kidnappées, nous ont pareillement déniaisés, réveillés, précipités dans la plus atroce réalité. Je crois qu'il faudra des générations pour estomper les effets du séisme même si l'œuvre de refoulement et d'oubli est en cours.

Entre toutes ces affaires criminelles, j'ai élu les deux dossiers les plus complexes et les plus effrayants, les plus déstabilisants. Parce qu'ils dépassaient, contrairement à d'autres, le simple fait divers.

Le dépeceur de Mons? Le pasteur Andreas Pandit, qui a massacré et enterré sa famille? Des affaires comme mille autres, hélas, un peu partout de par le monde.

Des politiciens corrompus? Idem.

Mais les Tueurs fous du Brabant wallon et l'épopée des anges et démons marquent l'histoire criminelle d'une empreinte unique, indélébile. Par l'horreur des faits, leur singularité ou les incroyables implications qui s'y rattachent.

En route… pour une page d'Histoire.

En route pour l'enfer.

Notes préliminaires

Le système policier belge à l'époque des faits évoqués

Avant la réforme amenée par les dysfonctionnements que nous observerons tout au long de cet ouvrage, la Belgique possède trois corps de police.

La gendarmerie : corps le plus imposant (16 000 hommes), elle se rapproche de l'armée, dont elle épouse le mode hiérarchique ; assujettie aux ministères de la Justice, de l'Intérieur et de la Défense, elle gère le maintien de l'ordre (manifestations, etc.) et les problèmes liés au grand banditisme ou au terrorisme.

Les polices communales : une spécificité belge (12 000 agents) ; chaque commune a la sienne, placée sous l'autorité directe du bourgmestre (maire) local ; leurs tâches s'apparentent souvent à celles de la gendarmerie.

La police judiciaire : 22 brigades (1000 hommes) réparties dans les 22 arrondissements judiciaires et placées sous le contrôle des parquets des procureurs du roi ; limitées aux besognes judiciaires.

Une distribution censée prévenir toute dérive totalitaire et garantir un maximum de démocratie. Cependant, elle génère surtout mille et une rivalités et guerres entre les polices, ces trois corps étant parfois amenés à résoudre des dossiers connexes, sinon les mêmes.

Notons la disproportion des moyens, la gendarmerie étant le seul corps à disposer d'un fichier central à l'échelon national et leurs BSR (voir plus bas) n'étant pas circonscrites à un territoire.

Quelques termes techniques

BCR : bureau central de renseignements (de la gendarmerie), installé à Bruxelles.
Brigade Diane ou ESI : escadron spécial d'intervention (les *supergendarmes*).
BSR : brigade spéciale de recherche (élite de la gendarmerie).
MDL : maréchal des logis (gendarmerie).
1MDL : premier maréchal des logis (gendarmerie).
1MDLC : premier maréchal des logis chef (gendarmerie).

GIA : groupe interforces antiterrorisme.

PJ : police judiciaire.
La 23e brigade de la PJ : brigade nationale créée en 1986 pour lutter contre le terrorisme et le grand banditisme (stupéfiants, etc.). Le FBI belge ?
SGAP : service général d'appui policier.

Première partie

Les Tueurs fous du Brabant wallon

Prologue

L'armurerie Bayard

Le 13 mars 1982, à Dinant, une jolie cité wallonne blottie au pied d'une citadelle, sur les bords de la Meuse, personne ne remarque une voiture qui s'arrête sur la place Collard.

Deux hommes en sont descendus. Des touristes? Ce n'est pas encore la saison. Et puis ils ont l'air pressés. Des voyageurs qui profitent de l'escale pour acheter des *couques*, ces délicieux gâteaux au miel qui sont à Dinant ce que les *bêtises* sont à Cambrai?

Les voilà qui se faufilent dans l'artère principale de la ville, cette rue Sax où est né l'inventeur du saxophone. Mais pas un regard pour la maison natale de la gloire locale. Un pas rapide, toujours.

Dans l'arrière-boutique de l'armurerie Bayard, le patron a entendu la sonnette et suspendu son activité. Il se dirige vers le magasin et ne voit personne. Où est passé le client? Un coup d'œil à droite et à gauche. Un haussement d'épaules. *Encore un de ces indécis qui ne savent pas ce qu'ils veulent. Bah... Un de perdu, dix de retrouvés.*

L'armurier se retourne et s'apprête à regagner tranquillement son arrière-boutique quand la sonnette retentit dans son dos. L'indécis qui réapparaît? Un demi-tour sur lui-même et... la surprise. Deux hommes ont surgi du néant pour bondir dans la rue. Une hallucination? Non. L'armurier a distingué l'un de ses fusils dans la main d'un fuyard. Des voleurs, qui s'étaient dissimulés derrière le comptoir.

Le commerçant, courroucé, quitte son magasin et tente de les rattraper. Impossible. Ils courent trop vite. Il s'essouffle.

Place Collard, deux individus se précipitent vers un véhicule. Des portières qui s'ouvrent, une voiture qui démarre en trombe, largue Dinant pour prendre la direction de la frontière belgo-française.

Un banal fait divers? Comme il s'en produit des dizaines, des centaines chaque jour dans le pays?

A priori, oui. Pourtant, un fait intrigue l'armurier et la gendarmerie locale. Chez Bayard, magasin spécialisé dans les articles de pêche et de chasse, il y avait quantité d'armes de valeur, et les voleurs ont emporté un fusil qui n'intéresse pas grand-monde. Une canardière, soit une arme pataude et pesante que l'on utilise dans les marais... pour la chasse au canard! Une arme encombrante, donc, mais impressionnante aussi, avec ses deux gros canons superposés.

Alors? Un vol commis par des chasseurs de canards?

L'enquête n'a rien d'enthousiasmant et l'affaire est vite enterrée.

Il faudra attendre près de cinq ans pour que le vol de l'armurerie Bayard acquière une nouvelle envergure. Cinq ans et certaine découverte au fond du canal de Charleroi.

Oui, on l'a retrouvée, la canardière. Dans un sac de plastique. Mais pas seule. Non. Sciée en morceaux, elle côtoyait d'autres débris d'armes. Des armes qui avaient mis un pays à feu et à sang, des forces de l'ordre sur les rotules, une justice dans les cordes, une population en état de choc.

La canardière n'avait pas servi à chasser le canard. Elle avait servi d'arme de terreur, entre les griffes des plus terribles criminels que la Belgique ait connus, les Tueurs fous du Brabant wallon.

Chapitre I

La naissance d'un mythe de ténèbres et de sang

Le Colruyt de Nivelles

Le samedi 17 septembre 1983, vers 1h du matin, une Mercedes quitte l'autoroute qui la ramène de Paris vers Bruxelles et s'arrête à Nivelles, près des pompes à essence self service d'un supermarché de la chaîne Colruyt.

Nivelles, une petite ville située à une trentaine de km de la capitale belge, au cœur du Brabant, la province centrale du pays, qui comporte une partie flamande (néerlandophone) et une partie wallonne (francophone).

En pleine nuit, à 1h10, les lieux sont déserts, peu accueillants, car il n'y a pas de maisons d'habitation à proximité. Seulement la grande surface et un garage. Un décor sinistre, digne des films de zombies. Peupliers d'un côté, cimetière de voitures de l'autre, éclairage falot.

Pourtant, le conducteur, Jacques F., la cinquantaine, un homme d'affaires, s'éloigne vers l'arrière du magasin. Sans doute un besoin urgent à satisfaire avant de… remplir son réservoir.

Sa compagne, Elise D., est restée assise dans la voiture et attend, quand un coup de feu résonne.

L'horreur. Elise voit Jacques s'effondrer, atteint à la tête, et un individu se diriger vers lui. Courageuse, elle sort précipitamment du véhicule et court vers son compagnon. Mais quelqu'un l'empoigne, la tire vers l'arrière du Colruyt. Elle a beau se débattre, impossible d'échapper à l'étreinte. La voilà jetée à terre.

Un monstre se penche sur elle. Le masque de la mort.

Jacques a été achevé de deux balles en pleine tête. Quant à elle, deux projectiles lui perforent la joue et l'œil droits. Elle remue encore. Deux nouveaux tirs, entre les deux yeux. Immonde boucherie.

Sans paniquer, les gangsters traînent la dépouille d'Elise jusqu'aux grillages mais, ne parvenant pas à la faire passer par-dessus, ils l'abandonnent sous une file de caddies. Puis ils reprennent ce qu'ils avaient entamé. Découper au chalumeau une ouverture suffisante dans une porte métallique.

A 1 h 26, un détecteur déclenche l'alarme du supermarché, alarme qui ne retentit pas sur place mais 20 km plus loin, dans une centrale de surveillance.

Quelques minutes plus tard, un combi débouche devant le Colruyt. A son bord, deux gendarmes qui ne s'en font pas plus que cela. Il y a tant de fausses alertes...

Mais les maréchaux des logis (MDL) observent la présence de deux voitures inoccupées. L'une près des pompes, l'autre sur le parking. Un tantinet insolite. Alors, on se concentre.

Le combi pénètre sur le parking. Stupeur. Une porte cisaillée à l'arrière du supermarché. Les deux gendarmes ont compris que c'était sérieux et mettent pied à terre.

Des coups de feu. On tire sur eux! Le MDL Lacroix se met à l'abri, derrière le combi, et se met à viser à son tour. Mais voilà qu'il essuie un feu nourri. Son camarade a à peine le temps de lui crier de demander de l'aide. Il s'écroule, frappé à la gorge.

Lacroix, blessé à la main gauche, comprend qu'il a affaire à des tueurs prêts à tout. Seul, sa situation est désespérée. Alors, il a un trait de génie. Il feint de s'effondrer sur le volant en laissant traîner les jambes à l'extérieur.

Faire le mort.

Il a fermé les yeux et il attend, rongé par l'angoisse. Des pas. On se rapproche. *Ah, le salaud ! Il avait un Uzi* (NdA : célèbre marque de pistolets-mitrailleurs) *!* fait une voix. Puis trois détonations.

Lacroix devine qu'on a achevé son collègue à bout portant. Monstrueux. Et c'est son tour à présent. Que faire ? Supplier ? A quoi bon ? Espérer. Un miracle.

On se rapproche encore. On l'observe. Un coup de feu. Qui aurait dû être mortel mais le miracle a eu lieu : les épaulettes du sous-officier ont dévié la balle.

Faire le mort, encore. Alors qu'on le touche. Pour lui enlever son arme, puis son étui.

On s'éloigne. L'espoir.

Lacroix entrouvre un œil et distingue un homme de plus ou moins 1 m 80 en imperméable, un barbu.

Il entend une voiture qui démarre, le silence qui s'impose.

A 1 h 34, la gendarmerie de Nivelles est prévenue par le rescapé.

Alerte générale.

A 1 h 44, une Golf de la police croise les deux véhicules empruntés par les tueurs, une Saab 900 turbo bleu nuit qui les a menés à Nivelles et la Mercedes des infortunés Jacques et Elise. Comme les trois policiers ne connaissent pas le détail du crime, ils décident de contrôler les automobiles suspectes sans savoir à qui ils ont affaire. Les voilà donc filant derrière le duo. Qui ne s'arrête pas.

Sur cette route nationale à trois voies, un combi de la gendarmerie déboule au loin en sens contraire.

Les fuyards meurtriers sont pris en sandwich. Dans un cas comme celui-ci, on stoppe tout, on descend en levant les mains et tout est fini. Bien sûr. On n'est pas aux States. Il y a le cinéma ou les séries à la télévision et la réalité.

Pourtant, ce qui va suivre va bouleverser tous les codes et participer à la naissance d'un mythe.

La Saab et la Mercedes se sont arrêtées à hauteur d'un bar glauque. La fin de la cavale ? Non, une voiture de chaque côté de la route, comme un front provocant.

La Golf des policiers, distancée, apparaît, s'approche. Et soudain c'est l'Apocalypse. Un déluge de feu. Dix secondes d'enfer.

Inversion des rôles. C'est la Golf qui tente de forcer le barrage, tant bien que mal. Le conducteur a été blessé à la tête et à l'épaule mais il parvient à passer, tandis que ses camarades, éberlués, ne songent qu'à se protéger des projectiles.

Quand les policiers reviendront (prudemment) sur leurs pas, en compagnie des gendarmes, les tueurs auront disparu, abandonnant la Mercedes.

Dans le coffre de celle-ci, des marchandises volées au Colruyt. Une partie, du moins.

Un peu plus loin, les gangsters descendent de la Saab et, la laissant là, ils se volatilisent.

Ce matin-là, les journaux de la presse écrite, de la radio ou de la télévision ne parlent que de l'abominable carnage de Nivelles. Face à la sauvagerie des faits, un journaliste évoque les *Tueurs fous du Brabant wallon*. L'expression fait mouche et s'attachera dorénavant à une bande de monstres qui n'en étaient pas, comme l'enquête allait le démontrer, à leur ballon d'essai.

L'enquête, parlons-en.

La première impression, confortée par l'avis des experts en grand banditisme : la perplexité.

Perplexité devant des faits jamais accomplis en Belgique.

Perplexité devant un cocktail antinomique très inquiétant. Ce mélange de professionnalisme paramilitaire et de sauvagerie fanatique, qui nous conduit à la limite du fantastique. D'un côté, on abat deux personnes et on continue imperturbablement sa besogne, on songe à subtiliser les armes des gendarmes ou leur talkie-walkie, on est pris entre deux feux et on inverse le rapport de force, l'effet de surprise. Mais, de l'autre, on ne se contente pas d'éliminer un témoin, un obstacle, on le massacre. Quasi frénétiquement. Ainsi les corps des victimes sont-ils criblés de projectiles : trente-quatre chez le MDL abattu !

Perplexité devant le contraste surréaliste qui met dans la balance l'armement des bandits (lourd et varié : fusil à pompe, riot-gun, colt 45, etc.) et le bilan humain (trois morts, deux blessés) face au ridicule du butin : cinq boîtes de pralines, cinq bidons d'huile d'arachide et tout autant d'huile de maïs, dix sacs de café et deux bouteilles de gin.

Tout ça… pour ça ?

On croit rêver. D'autant qu'on n'a pas touché aux effets personnels des victimes. Alors qu'Elise portait un collier de perles, des bagues serties de diamants.

Perplexité devant le *dopage* du véhicule. De fausses plaques d'immatriculation, rien d'étonnant. Mais tout ce qui est superflu a été enlevé (installation hifi, antenne radio, repose-tête, coupe-vent, etc.) pour alléger la Saab au maximum, des modifications techniques ont été apportées pour accroître encore la vitesse, permettre à l'engin de résister à toutes les poursuites.

Perplexité devant la disparition des tueurs. Qu'ils aient abandonné la Saab (un pneu crevé, un piston fendu) et tenté de l'incendier (en tirant dans le réservoir mais sans succès), on le comprend. Par contre, qu'ils aient pu fuir en empruntant un sentier connu des seuls riverains... De plus, un chien pisteur a mené les enquêteurs jusqu'à un carrefour, au milieu d'un secteur sévèrement contrôlé. Pour s'évanouir dans la nature, il leur fallait un coup de main extérieur. Une liaison radio avec des complices venus les embarquer ?

Assommés par la personnalité singulière de leurs adversaires, les enquêteurs ne disposent que de témoignages approximatifs et ne sont même pas certains du nombre des tueurs. Au moins trois, mais...

Quant aux médias ou à la population, ils ne se privent pas d'ironiser sur l'incompétence, humaine et matérielle, des forces de l'ordre... et de craindre pour l'avenir. Car, très vite, des journalistes observent de troublantes convergences entre la tuerie de Nivelles et une série d'affaires mystérieuses qui viennent de ravager la région.

Et si tout était lié ?

Le 24 décembre, soit sept jours plus tard, les enquêteurs ont enfin rattrapé la presse et mis en corrélation Nivelles et... cinq autres meurtres.

Penchons-nous sur les affaires qui ont précédé l'irruption officielle des Tueurs fous. Tout avait commencé par le vol de la canardière en mars 1982. Mais cinq mois plus tard, jour pour jour…

L'épicerie Piot

Le vendredi 13 août 1982, à 3 h 50 du matin, le commissariat de Maubeuge, ville française située près de la frontière belge, reçoit l'appel… d'un voisin.

L'homme signale qu'on cherche à s'introduire dans une épicerie dont les gérants sont en vacances. Mais il raccroche sans avoir donné ses coordonnées, et le planton de service croit à une farce. Après un instant d'hésitation, il envoie tout de même une patrouille.

Tandis que deux de ses collègues remontent un square, l'agent Delacourt parvient le premier devant l'épicerie Piot.

Stupeur. La double porte d'entrée, qu'aucun volet ne protégeait, a été forcée. Et il y a une Volkswagen Santana devant le magasin, de teinte sombre, immatriculée en Belgique. Et surtout… un homme armé, qui surveille les alentours.

Trop tard ! *L'autre* a aperçu Delacourt et tire. Sans sommation. L'agent veut se cacher derrière une fontaine mais il n'en a pas le temps. Fauché, une balle en plein ventre.

Ses collègues apparaissent et sont pris comme cibles. L'un d'eux se jette à terre tandis que son camarade riposte.

La scène se passe en quelques secondes, car le tireur a été rejoint par le cambrioleur et les deux sautent dans la Santana, qui démarre aussitôt, ce qui dénote la probable présence d'un troisième homme.

Tandis que la voiture s'éloigne, un des bandits, les

traits dissimulés sous un passe-montagne, entreprend d'arroser les policiers. Qui ne peuvent même pas répliquer. Leurs armes se sont enrayées !

Bien que la frontière ait été immédiatement fermée, ni la police ni la gendarmerie ne mettront la main sur la Santana. Volatilisée. Parce que les gangsters étaient des frontaliers au fait des moindres chemins de campagne ?

Le bilan ?

Delacourt s'en est sorti et a pu reprendre son service.

On a beaucoup glosé sur la qualité du matériel de la police.

Quant au butin, il laissa pantois : des paquets de thé, du vin et du champagne.

Tout ça... pour ça ?

Les indices ?

Des empreintes digitales dont ni la Belgique ni Interpol n'ont su que faire : elles n'appartenaient à aucun délinquant fiché. Etrange.

Et puis les munitions employées, du calibre 7.65, qui mèneront plus tard les enquêteurs à tracer une ligne entre cette explosion de violence et d'autres.

L'armurerie Dekaise

Ce matin du 30 septembre 1982, Daniel Dekaise discute avec deux clients dans son armurerie de la rue de Bruxelles, à Wavre.

A 10 h 25, une Volkswagen Santana bleu foncé s'arrête devant le magasin et lâche deux hommes qui se précipitent à l'intérieur et font jaillir des armes de sous leurs vêtements. Dont un effrayant fusil à canons juxtaposés (NdA la canardière !).

Couché ! Ou tu crèves ! hurle la voix d'un malfrat *encagoulé.*

Dekaise ne se hâte-t-il pas suffisamment ? L'un des bandits lui assène quelques coups de crosse. Et voilà les trois hommes à terre, tandis que leurs agresseurs, sans un regard pour la caisse, dévalisent les présentoirs, empoignant une quinzaine d'armes qu'ils enfournent dans des sacs. Avant de saisir les portefeuilles.

On se tire ! On a ce qu'on cherchait ! Eructe le cagoulard.

Dehors, c'est jour de marché et il y a du passage. Plusieurs personnes ont remarqué l'attaque et interpellent Police Secours ou le brigadier qui accomplit la tournée des convocations électorales. Celui-ci réagit en arrêtant son combi au milieu de la voie étroite, à sens unique. Croyant la rue bloquée, il descend de son véhicule, se dirige vers l'armurerie et... Deux coups de feu. Le brigadier s'effondre, touché au bras. Et se fait achever d'une balle derrière l'oreille droite. Puis, calmement, l'un des bandits déplace la voiture qui gênait.

C'est l'alerte générale en Brabant wallon. Police et gendarmerie sur les dents. Toutes les routes fermées. Et des patrouilles qui sillonnent la contrée.

Parmi celles-ci, un adjudant-chef et un premier maréchal des logis (1MDL) de la brigade spéciale de recherche (BSR) de Wavre, qui se voient dépasser, après un passage à niveau, par un véhicule qui fonce à vive allure.

Course poursuite. On se perd, on se retrouve. La Santana réapparaît au sortir d'une aire de stationnement avec... un nouveau numéro d'immatriculation. Re-poursuite. Jusqu'à Hoeilaert, où la Santana est bloquée par une file.

L'adjudant-chef sort et dégaine... mais se fait balayer. Une balle dans le bras droit, une dans le genou gauche, une dans le thorax et une dans le ventre. Tandis qu'un projectile se plante dans la colonne vertébrale de son collègue.

A 12 h 15, les forces de l'ordre doivent se rendre à l'évidence : la Santana leur a échappé, sans doute en direction de la capitale.

Le bilan ?

Un agent tué, l'armurier plongé dans le coma pendant quatre jours, ses deux clients traumatisés et deux gendarmes blessés, dont l'un très grièvement. Et puis il y a les armes dérobées, un arsenal effrayant : Magnum 357, Rüger, colts 45, Smith & Wesson, pistolet FN, Beretta, Bernadelli et pistolets-mitrailleurs Ingram. Des armes dont plusieurs ont été *améliorées* par Dekaise, un orfèvre en la matière, appelé à acquérir une grande renommée dans le milieu.

Ce soir-là, vers 22 h 30, la Santana est enfin retrouvée. A Bruxelles, abandonnée après avoir été incendiée à proximité de l'étang des Enfants Noyés (NdA mon lieu de promenade de prédilection !), soit à l'entrée de la forêt de Soignes, le poumon vert de la capitale.

Des indices ?

De fausses plaques, bien sûr, qui ne mènent nulle part. Une balance de précision (comme chez les trafiquants de drogue), des documents emportés chez Dekaise.

Léger.

Par contre, l'on subodore que la Santana qui a œuvré

à Wavre est celle qui a troublé la quiétude de Maubeuge. Et la même arme de calibre 7.65 a rugi devant l'épicerie Piot et l'armurerie Dekaise.

Et les gangsters eux-mêmes ? A en croire les témoignages, l'un serait un moustachu costaud assez jeune, portant des lunettes et de taille moyenne, dont le mode d'action (façon de bouger, de contrôler, de commander) serait d'inspiration militaire. L'un de ses compagnons serait plus jeune encore, efféminé et de type méditerranéen.

L'Auberge du Chevalier

Les alentours du château de Beersel.

Le jour, le site est enchanteur. Avec le vieux manoir féodal replié derrière ses douves, qui a inspiré l'un des classiques de l'ère des pionniers de la BD, le cultissime *Trésor de Beersel*, une aventure des truculents Bob et Bobette, aussi célèbres en Flandre qu'Astérix chez nos amis français. Avec *L'Auberge du Chevalier*, aussi, l'ancienne conciergerie du château sise le long de la route qui mène vers la capitale. Tuiles rouges et colombages, poutres en saillie et tables de bois noir, armure à l'accueil.

Un décor de carte postale, donc, de conte de fées. Enfin, le jour. Car, la nuit, les lieux, désertés, deviennent inquiétants. Et l'on imaginerait aisément l'apparition d'un vampire ou d'une goule.

Le mercredi 22 décembre 1982, bien après le départ des derniers clients et du personnel, la grande salle est vide, le parking aussi. Et la nuit, doucement, déploie son long manteau d'opacité. Encore deux jours et ce sera la Noël. Pour l'heure, c'est surtout le plein hiver.

Le silence.

Dans l'auberge, un peu de lumière. Le concierge, José V., la septantaine, est heureux d'avoir décroché cet emploi qui lui permet de vivre à proximité de Marc, son fils, le cuisinier.

Mais quelles sont ces silhouettes qui se dirigent vers sa demeure ?

Le jeudi 23, le jour de fermeture hebdomadaire, Marc V. arrive à l'auberge vers 9 h 30 et se met à klaxonner. Il a prévu d'aller au marché de Hal avec son père, sa compagne et les enfants de celle-ci. Aucune manifestation de José. Inquiet, Marc se dirige vers la cuisine et constate que la porte a été forcée. Il se précipite dans l'escalier et gagne la chambre paternelle... où le vieillard gît sur le lit, assassiné. Que dis-je ? Supplicié, massacré. Le crâne en bouillie, la bouche bâillonnée, les bras ligotés.

Que s'est-il passé durant la nuit du 22 au 23 ?

D'après le médecin légiste, la mort serait survenue entre minuit et 4 h du matin. Mais qui ? Et pourquoi ?

L'enquête va démontrer que les tueurs ont pris le temps de manger de la tarte et du gigot de chevreuil, et même de boire du champagne. Une quinzaine d'assiettes de marque ont disparu. Et le porte-documents du concierge.

Tout ça... pour ça ?

En fouillant davantage, on découvre que les vols étaient relativement fréquents dans cette auberge, et même les effractions. Une semaine plus tôt, le patron, une ancienne gloire du football national, avait observé qu'on s'était nuitamment attaqué à ses bouteilles de vin ou à des restes de repas. Mais José n'avait jamais rien signalé.

Alors ? Le concierge a-t-il surpris les resquilleurs ? Mais tue-t-on pour si peu ? Ou les a-t-il laissés faire précédemment ? Une complicité qui tourne mal ?

Et cet acharnement sadique ? Huit balles dans la tête. Et José a été torturé !

Détail curieux : les nœuds qui l'ont entravé étaient des nœuds... de commando.

Alors ? On cherchait autre chose ? On voulait faire parler... ou faire taire un témoin ? *L'Auberge du Chevalier* était-elle au centre du monstrueux délit ou, uniquement, un lieu d'exécution ?

Plus tard, ce meurtre odieux sera relié à la saga sanglante des Tueurs fous.

Un taxi noir et sang

Dans la nuit du 8 au 9 janvier 1983, vers 2 h, Constantin A. arrête sa Mercedes 200 diesel noire à hauteur de la place Flagey, au cœur de l'agglomération bruxelloise.

A quelques dizaines de mètres de là, les célèbres étangs d'Ixelles, jadis l'un des lieux les plus prisés des promeneurs mondains, bientôt l'attraction première de tous ces riches hommes d'affaires français qui choisiront l'exil fiscal.

Constantin est taximan, et voilà qu'il prend en charge des clients. Quoi de plus banal ? Quoique le regard de ces noctambules...

Le 9, au matin, au centre de Mons, dans la province du Hainaut, qui jouxte le Nord français, un taxi à l'arrêt, sans client ni chauffeur. Une Mercedes 200 diesel noire.

Le mercredi 12, une employée du consulat de France s'irrite de la présence prolongée du véhicule, garé sur une aire réservée, et prévient la gendarmerie locale.

Contrôle de routine. Sursaut: depuis 48 heures, la police judiciaire (PJ) de Bruxelles est préoccupée par la disparition d'un taximan d'origine grecque. La plaque minéralogique correspond. Et il y a des tâches de sang. Le coffre arrière est fermé et il faut le forcer.

Horreur. A l'intérieur, un cadavre plié en deux. Constantin.

L'enquête (étude du taximètre, des traces de sang ou de boue, etc.) établira que Constantin a été abattu à quelques km de là, dans sa voiture, par un individu qui se tenait assis derrière lui. Quatre balles. Trois dans la nuque, une derrière l'oreille droite. Avant d'être traîné jusqu'au coffre et déplacé. Pourquoi? Parce qu'un complice attendait les tueurs au centre de Mons? Ou parce qu'ils habitent le coin? Une théorie renforcée par l'observation qu'aucune voiture n'a été volée après l'abandon du taxi.

Le mobile du meurtre? Le vol? On a en effet dérobé l'équivalent de 225 euros, ainsi qu'un permis de conduire et... une enseigne lumineuse.

Mais bientôt, rebondissement. L'étude comparative des divers projectiles démontre que la même arme (un pistolet semi-automatique) a abattu Constantin et... José, le concierge de *L'Auberge du Chevalier!* Un recoupement conséquent que la PJ décide de ne pas divulguer trop rapidement.

La Peugeot 504 de Raymond D.

Le 28 janvier 1983, vers 20h50, un employé du ministère de la Culture française, Raymond D., rentre chez lui, à Boitsfort, dans la banlieue sud, verdoyante, de la capitale, quand deux bandits lui tombent dessus et le contraignent, une Kalashnikov sous le nez, à abandonner voiture, papiers d'identité et permis de conduire.

Le Delhaize de Genval

Le 11 février 1983, dans la soirée, à Genval, une commune résidentielle au sud de la capitale célèbre pour son beau lac, les clients se pressent aux caisses du supermarché Delhaize. L'heure de la fermeture approche.

Soudain trois gangsters en armes surgissent à l'entrée du magasin. Comme ils sont affublés de masques de carnaval et que l'on se trouve dans la période dévolue à ces festivités, la foule marque un temps d'arrêt, prête à s'esclaffer. Une belle plaisanterie? Mais non. Les *clowns* se mettent à arroser le plafond et un ordinateur, ils arrachent le fil du téléphone. Les sourires se figent. Et la panique s'installe.

Les bandits vident la caisse et s'éloignent sans précipitation en direction du parking, avant de grimper dans une Peugeot 504.

Pourtant, une surprise les attend. En effet, un client au nom prédestiné (Culot!), ose leur interdire le passage au volant de son véhicule.

Courage ou folie?

Ne faisant ni une ni deux, un truand se met à tirer dans sa direction. Quatre coups, destinés à tuer. Mais l'intrépide a plongé et évite les projectiles. Cependant, débarrassée du gêneur, la Peugeot démarre et disparaît, échappant à toutes les poursuites.

Les observations?

Des gangsters lourdement armés et résolus, pour un butin de 17 250 euros actuels.

Plus tard, il apparaîtra que cette attaque a été la première du genre qui immortalisera les Tueurs fous. Mais, en février 1983, le fait divers n'attire guère les projecteurs de la presse.

La Golf de Geneviève V.

Le 14 février 1983, Geneviève V. rentre chez elle, à 10 km de Genval, quand une Peugeot 504 s'arrête à sa hauteur. Un individu masqué la menace en brandissant un revolver. Et la voilà délestée de ses clés et de sa Volkswagen Golf Rabbit vert métallisé.

Quelques heures plus tard, la Peugeot 504 est retrouvée incendiée à proximité du site historique de Waterloo. Allégée de son installation stéréophonique, de son horloge de bord et de son allume-cigare. Et l'on découvre que cette voiture est celle qu'on a dérobée à Raymond D., à Boitsfort, comme... celle qui a servi à Genval, lors de l'attaque du Delhaize.

Dans sa déposition, Geneviève V. (qui ne mesure pas encore sa... chance) va décrire un agresseur de type méditerranéen, plutôt jeune, grand et costaud, aux cheveux noirs courts et bouclés, s'exprimant dans un très bon français.

Le Delhaize du Fort-Jaco

Le 25 février 1983, vers 19 h 30, une Golf grise s'arrête devant un Delhaize d'Uccle, au lieu dit du Fort-Jaco, en lisière de la forêt de Soignes, là où une concentration de commerces haut de gamme attire la population la plus huppée de la banlieue sud de Bruxelles (NdA: de même que l'auteur du présent ouvrage et son épouse!).

A l'intérieur, trois hommes résolus. L'un d'eux reste au volant, prêt à démarrer au quart de tour. Les deux autres, le visage dissimulé sous une cagoule, pénètrent dans le magasin armes au poing. Et intiment à tous l'ordre de se coucher.

Tandis que l'un des malfrats demeure à l'entrée pour surveiller caissières et clients, son complice fait ouvrir le coffre du directeur et encaisse 15 000 euros.

Un coup de feu est tiré, on ne sait trop pourquoi, mais qui n'atteint personne. Besoin de terrifier? Comme le fait d'appuyer le canon d'une arme sur la tempe d'une caissière? Cruauté gratuité? Sadisme?

Pour les gangsters, tout s'est parfaitement déroulé et ils déboulent à l'extérieur, prêts à fuir. Mais, après l'héroïsme du culotté Culot à Genval, voilà une nouvelle intervention héroïque. Un vieil homme court tant bien que mal, en poussant son chariot devant lui, vers une station-service toute proche. Et il crie, il appelle.

Un bandit se lance à sa poursuite, s'immobilise et tire, soigneusement, à deux mains.

Le vieil homme s'affaisse, touché au genou, alors que son agresseur saute dans la Golf et disparaît.

Une fois de plus, un trio a surgi du néant et y est retourné en un éclair, avant que les forces de l'ordre ne puissent intervenir.

Les observations?

Un armement lourd pour une attaque efficace et lucrative. Lucrative mais risquée, car ce Delhaize n'est pas situé dans une petite cité de province mais sur la chaussée de Waterloo, l'une des artères les plus fréquentées menant à la capitale, à quelques encablures à peine de celle-ci. On s'attarde à analyser le singulier mélange d'organisation froide et de sauvagerie gratuite. Une caissière a été traumatisée pour longtemps, tandis qu'un vieillard restera handicapé à vie.

De premières convergences. L'une des armes utilisées, un pistolet de calibre 38, a participé à l'attaque de Genval. Et la Golf utilisée pourrait bien être la voiture qui a remplacé la Peugeot incendiée. Oui, la voiture vert métallisé de Geneviève V., qu'on aurait repeinte. Enfin, l'un des bandits, le plus petit, s'exprimait avec un accent arabe, que d'aucuns jugent contrefait, artificiel... ce qu'avait remarqué un témoin de l'agression de Raymond D.

Notons la première mention d'un géant (les témoins sont unanimes : entre 1 m 90 et 2 m), qui posséderait une carrure impressionnante (un adepte de la musculation ?) et une voix autoritaire (militaire ?), usant d'un français impeccable.

Le Colruyt de Hal

Le 3 mars 1983, soit quelques jours à peine après l'attaque du Delhaize d'Uccle, un épisode semblable se déroule à Hal, en Brabant flamand.

Un supermarché, mais cette fois un Colruyt, soit un magasin plus populaire où l'on vient chercher des kilos de café ou de viande plutôt qu'un bon vin ou un steak d'autruche.

Une attaque en soirée, peu avant la fermeture. Des tirs au plafond, des clients et des caissières obligés de s'allonger.

Un trio de truands, tous encagoulés. Un conducteur qui reste au volant, prêt à démarrer. Un veilleur, qui reste à l'entrée et maîtrise la foule. Le dernier qui file vers le bureau du directeur pour se faire remettre le contenu du coffre.

Un géant athlétique.

Et puis une Golf de teinte sombre, sans doute celle de Geneviève V., encore repeinte.

Le gérant de l'établissement discute avec deux membres de son personnel quand son attention est attirée par un bruit dans l'escalier. Il n'a pas le temps de s'interroger sur l'incongruité de la course. Un bandit masqué a surgi dans la pièce et hurle de se coucher.

On s'exécute. Mais, déjà, l'autre, d'un coup de matraque, a écrasé le téléphone.

Toi, venir avec ! Continue-t-il en s'adressant au directeur.

Celui-ci obtempère et va ouvrir son coffre. Et puis tout se précipite. Un des employés relève la tête et se fait assommer, l'autre colle son visage au sol et ne veut surtout plus rien voir. Et, soudain, un tir. Une balle de calibre 38 (encore !) a traversé la main (brandie en protection) puis la gorge du gérant. Pourquoi ? Parce qu'il aurait osé un geste inconsidéré ? Ou pure sauvagerie ?

Quand la Golf s'ébroue avec ses tueurs et son butin (30 000 euros), les employés du magasin se précipitent à l'extérieur (encore des héros ! Décidément, les Belges…) mais sont arrosés par l'un des malfrats, depuis le toit ouvrant, et doivent s'abriter.

Les observations ?

Trois attaques de supermarchés dans le Brabant en… trois semaines, et autant de convergences. On ne croit plus à un hasard. L'idée d'une bande unique s'impose.

Le géant aurait les mains foncées et des yeux bleus. Des yeux entourés de crème, d'après certains témoins, ce qui laisse supposer un maquillage de commando… qui pourrait s'appliquer aux mains. Son comparse serait un type de taille moyenne à la peau foncée. Et tous les trois étaient couverts d'un imper.

Le lendemain du drame, choquée par la mort de son gérant, la société Colruyt offre une prime de 120 000 euros à quiconque apportera un renseignement susceptible de faire appréhender les assassins. Mais, alors que les indics à la langue bien pendue sont légion, la démarche ne donnera aucun résultat. Bizarre.

Le GB d'Houdeng-Goegnies

Le samedi 7 mai 1983, nouvelle attaque.

Et nouvelles similitudes.

Un supermarché. La chaîne GB, cette fois, mais retour dans le Brabant wallon et, plus particulièrement, à Houdeng-Goegnies.

Une agression en soirée, peu avant la fermeture.

Un trio selon la même répartition conducteur (en attente dans une Audi verte)/contrôleur (à l'entrée)/infiltreur (pour le coffre du directeur).

Mais quelques différences aussi.

Pas de coups de feu ni de violence.

Une reconnaissance d'une maladresse insigne (un bandit affublé d'une fausse barbe se serait promené dans les rayons quelques heures plus tôt).

Un butin emporté trop précipitamment : 4000 euros, quand il y en avait 25 000 à voler.

Une bousculade avec les clients.

Et une voiture abandonnée sans être incendiée. Etrange. La même bande, vraiment? Ou des émules?

Retour aux choses sérieuses. Hélas.

Le garage Jadot

Le 8 juin 1983, entre 3h et 4h du matin, une voiture s'arrête à proximité du garage Jadot, qui se dresse au sommet d'une route pentue, à l'entrée de Braine-l'Alleud, une commune brabançonne, encore et toujours.

Un coin assez désert. Une prairie d'un côté, une maison de l'autre, à quelques dizaines de mètres. Et surtout un endroit inhabité, sans alarme, où toute la surveillance repose sur les épaules d'un berger allemand.

Le lendemain, au matin, on découvrira le corps de l'animal, littéralement trucidé. Onze balles! Un massacre. Cruel et gratuit. Sadique.

Et tout ça pourquoi?

Pour voler une Saab turbo à 8 soupapes et 145 chevaux. Celle-là élue de préférence à toutes les autres, car des véhicules ont été déplacés pour la dégager. Elue à juste titre, car elle était la plus puissante du parc automobile.

Le bois de Hourpes

Le 9 juin, soit le lendemain de l'affaire Jadot, l'on découvre le *cadavre*... de la Golf volée à Geneviève V. Incendiée la veille dans le bois de Hourpes, près d'Anderlues, un peu en dehors du périmètre brabançon. Parce que la Saab (la deuxième déjà dans ce dossier) a pris le relais.

Et qu'observe-t-on ? La Golf a été, elle aussi, préparée pour les expéditions risquées et les poursuites, *débridée.* Stéréo et baffles enlevés, comme le siège arrière (pour permettre un confort de tir ?), etc.

La Golf et la Saab. Hourpes, Braine-l'Alleud mais aussi Fort-Jaco et Hal.

Les convergences devraient commencer à affoler la police, mais les affaires restent liées à divers parquets.

Un coup de tonnerre, toutefois : l'expertise balistique révèle que le berger du garage Jadot a été supplicié par l'arme (et le tueur ?) qui a abattu le concierge José V., à Beersel, et le taximan Constantin A., à Mons.

La filature de Tamise

Le 10 septembre 1983, vers 2 h du matin, une Saab 900 turbo (celle du garage Jadot) s'arrête à Tamise (en Flandre, près du port d'Anvers), sur une piste cyclable, à proximité d'un cimetière. Des hommes en descendent. Avec des armes et des cagoules.

Voilà qu'ils empruntent une ruelle connue des seuls riverains, voilà qu'ils se dirigent vers la filature Wittock-Van Landeghem, invisible depuis la rue, qui se dresse à l'arrière du pâté de maisons.

Vers 2 h 30, Hector R., la septantaine, est alerté par des bruits inhabituels et va jeter un œil à travers la fenêtre de sa chambre. Il sursaute. Devant une voiture sombre et inconnue, un individu masqué (comme dans les films américains !) fait le guet.

Aie! L'autre l'a repéré. Vite, Hector se jette à plat ventre. Juste avant qu'une balle ne fasse exploser la vitre.

Une voisine est réveillée par le tir et va à son tour se pencher à sa fenêtre. Mal lui en prend. A défaut d'une volée de bois vert, sa façade ramasse une averse de plombs!

Quelques minutes plus tard, la gendarmerie accourt sur les lieux. Et accomplit une macabre découverte. Les tirs ne se sont pas limités, hélas, aux vitres et façades. Non, dans la conciergerie de la filature, Jozef B. a été abattu et son épouse Linda grièvement blessée.

Et tout ça pourquoi?

Pour voler sept gilets pare-balles d'un type révolutionnaire, des prototypes donc, composés de couches superposées de kevlar. Peut-être le nec le plus ultra en Europe. C'est que cette filature s'est spécialisée dans le créneau… militaire.

Le mélange d'organisation et de frénésie meurtrière. La glace et le feu. Encore. Ou déjà.

Avant que l'épopée officielle des Tueurs ne débute, avec ses assauts les plus sanglants contre les supermarchés, Jozef B., le jeune concierge, est déjà la cinquième victime de leur préhistoire. Et Hector R. pourrait figurer comme sixième, car une crise cardiaque l'emportera dans la foulée de l'épisode.

Maintenant, armés de pied en cap (les gilets après les armes de Bayard ou Dekaise), les Tueurs fous sont prêts à émerger de leur phase de latence ou de répétition. Dans sept jours, l'horreur déferlera sur Nivelles. Et la légende de sang et de ténèbres prendra son envol.

Chapitre II

La descente de Cocagne aux Enfers

Quinze jours ont passé depuis le terrible épisode de Nivelles, que nous avons raconté au début du premier chapitre. La presse et la justice se sont penchées sur une série de dossiers. Un cri de stupeur a jailli dans la population. «Qui sont donc ces Tueurs fous du Brabant wallon?»

Mais l'actualité est si riche, nos mémoires si encombrées d'informations que l'on pourrait bientôt tout oublier.

Si du moins nos Tueurs acceptaient de nous en donner l'occasion...

L'Auberge des Trois Canards

A 30km de Bruxelles, aux alentours de la célèbre butte de Waterloo, de son Lion et de sa *morne plaine*, Ohain et une prestigieuse adresse gastronomique, *Les Trois Canards,* une auberge rustique et cossue. Murs enduits de crépi blanc et balcons fleuris.

Le 2 octobre 1983, vers 1 h du matin, la clientèle a déserté les lieux, le personnel a terminé l'agréable repas pris en famille avec les patrons. On va se quitter quand...

Deux hommes armés! Avec des masques de carnaval. Qui ordonnent de se coucher.

Un cuisinier, persuadé qu'on leur joue une farce, traîne un peu. Un gangster explose un frigo.

Les sourires ont disparu et les employés se dépêchent d'obéir.

Que sont-ils venus chercher ? La caisse ?

Non, les truands obligent le patron, la soixantaine, à les suivre à l'extérieur.

Pourquoi ? Ils veulent sa voiture. Ou plutôt celle de sa fille, une Golf GTI rangée sur le parking.

Dans l'auberge, les employés, traumatisés, s'interrogent encore quand trois coups de feu retentissent, suivis d'un bruit de moteur. On se précipite et on découvre le patron baignant dans son sang, abattu d'une balle dans la nuque.

Pourquoi ? Parce qu'il a résisté ? Par plaisir ?

L'expertise balistique va démontrer que la balle fatale a sans doute été tirée par… l'un des pistolets dérobés aux gendarmes abattus à Nivelles. Un coup des Tueurs fous, donc.

Les forces de l'ordre et les médias sont tétanisés : neuf morts directes (et une mort indirecte), un handicapé à vie, une série de blessés et des dizaines de témoins traumatisés. Et si cette bande féroce se désintéresse de la recette d'un restaurant à la clientèle huppée, c'est qu'elle se prépare à d'autres *festivités*. On comprend que la Golf GTI escamotée va être repeinte et transformée avant de réapparaître, *relookée* en étalon de l'Apocalypse.

L'attente (?) ne sera pas longue.

Le Delhaize de Beersel

Le vendredi 7 octobre, vers 19 h 30, soit… cinq jours après l'exécution d'Ohain, une Golf GTI noire s'immobilise sur le parking d'un Delhaize, à Beersel, à deux pas du célèbre château et de cette belle auberge où un concierge a été supplicié dix mois plus tôt.

Le Brabant, la nuit qui tombe, la fermeture qui approche, un coffre bien rempli, des masques de carnaval (alternative aux cagoules). Les conditions habituelles.

Mais l'agression qui va se produire dans quelques instants présentera quelques variantes. D'abord, les individus qui traversent le parking, des bonnets sur la tête et des gants aux mains, perdus dans de vastes et longs manteaux de teinte sombre, ne sont plus deux mais trois. Ensuite, et surtout, voilà qu'ils agrippent un étudiant occupé à ranger des caddies et qu'ils l'emmènent comme otage, un pistolet enfoncé dans les côtes.

L'attaque a fusé.

Un premier tir pour calmer les ardeurs. Mais une caissière, déjà, est légèrement blessée.

Des ordres. L'argent des onze caisses.

Le gérant, alerté par l'agitation inhabituelle, découvre la scène et, expert en sécurité, s'avance avec un geste de détente. Il n'ira pas loin. Un truand placé dans son dos lui expédie une volée de chevrotines qui lui arrachent la mâchoire… et blessent deux caissières et un client.

Tandis qu'un des tueurs demeure à l'entrée, veillant sur une assemblée paralysée par la terreur, ses deux complices filent vers le bureau du directeur, coupent le fil du téléphone à coups de… hache et se font livrer le contenu du coffre : 32 500 euros.

Quelques instants plus tard, la Golf GTI a disparu

avec ses trois (ou quatre?) bandits. Quant à l'otage, abandonné sur le parking, la police le retrouvera errant, totalement hébété.

Que retenir des nouveaux témoignages? Qu'il y aurait deux géants aux allures de culturistes. Et que la voiture volée aux *Trois Canards* a entamé sa nouvelle vie. C'est peu. Et que penser (NdA: humour noir) de cette fidélité exemplaire aux lieux et aux cibles?

La presse enrage et la population du Brabant connaît une atmosphère digne du règne de certaine *Bête* en Gévaudan... au XVIIIe siècle.

La fin du cauchemar?

Le samedi 29 octobre 1983, une nouvelle sensationnelle parcourt l'échine du royaume: *Les Tueurs sont arrêtés!*

En fait, l'enquête, dans l'ombre, a suivi son cours et le juge d'instruction de Nivelles vient de faire interpeller trois suspects.

Des suspects et pas des coupables. On tâtonne. D'ailleurs, bientôt, de nouveaux noms circulent, des gens sont arrêtés, d'autres libérés.

Au bout du compte, les projecteurs se braquent sur six personnes, qu'on désignera dorénavant comme la *filière boraine*.

Boraine, parce que ces suspects sont tous issus du Borinage, la région de Mons, dans la province frontalière du Hainaut, autrefois célèbre pour ses charbonnages.

Filière, parce la théorie s'est répandue d'une organisation criminelle à branches multiples.

Comment sont-ils tombés dans les filets des enquêteurs? A la suite de la découverte d'une arme, qui aurait servi à Hal et à Genval. Une découverte suivie des aveux du propriétaire.

L'étonnement est grand, car, si l'un des individus appréhendés pourrait bien passer pour le fameux géant, ces suspects offrent un profil bas, qui ne correspond nullement à l'envergure supposée.

La bijouterie Szymusik

Comme dans les meilleurs polars...

Alors que la Belgique commence à soupirer d'aise, le jeudi 1er décembre, à Anderlues, une petite cité du Hainaut...

Une bijouterie, tenue par Jean Szymusik et sa femme Krystina, tous deux d'origine polonaise.

Vers 18h30, Jean travaille dans son atelier, à l'arrière de la boutique. Son épouse s'est étendue sur un divan du living. Leurs deux filles font leurs devoirs à l'étage. Un charmant tableau de famille.

Une Golf GTI noire s'arrête à hauteur de la bijouterie. Trois hommes sortent du véhicule, peut-être soutenus par un conducteur, et pénètrent dans le magasin. Loin d'attendre l'irruption de Jean, ils gagnent le salon et... tirent sur Krystina. Sans sommation. Sans raison. Atteinte à la poitrine et aux jambes, celle-ci tente de fuir mais s'effondre. Un monstre se penche sur elle et lui loge trois balles dans la tête.

En entendant le remue-ménage et les tirs, Jean a saisi l'arme acquise à la suite d'un cambriolage et se dirige vers le living. Est-ce le spectacle de son épouse qui le fige? Car, au lieu de tirer sur la crapule accroupie à côté de Krystina, il demeure suspendu un instant. Instant fatal. *Tire! Mais tire donc!* hurle un complice.

Trop tard. Jean est à terre et on vient l'achever à son tour. Avant de lui subtiliser son arme.

En haut de l'escalier, une des filles Szymusik a presque tout vu, tout entendu. Mais les truands ne la voient pas et s'éclipsent. Après avoir eu soin de pulvériser les caméras de surveillance du magasin.

A 18 h 40, les deux adolescentes se précipitent affolées chez une directrice d'école qui appelle la gendarmerie.

Le bilan? Deux morts pour... deux broches, des bijoux sans valeur et quelques réveils. Effroyable, incompréhensible.

Par contre, la fille Szimusik a décrit un homme aux cheveux blonds, coupe para.

Beaucoup de risques, beaucoup de sang pour pas grand-chose.

Tout ça pour ça?

Encore et encore.

A moins que... Car il y a un supermarché en face de la bijouterie. Fermé ce soir-là. Malchance pour les uns, chance pour les autres? Faute de grives, on mange des merles?

Ou alors ce hold-up n'avait d'autre but que de narguer polices et opinion publique. *Vous pensiez nous avoir enfermés? Eh bien, non, les Tueurs fous sont en liberté et ils frappent toujours. Où et quand bon leur semble.*

Ou la vanité le céderait plutôt à la tactique. Une partie de la bande est sous les verrous. L'autre partie frappe, pour innocenter ses frères d'armes. Ce qui expliquerait la volonté de laisser des traces suffisantes.

De fait, vers 19 h 30, la Golf sera découverte dans un bois d'Anderlues. Le bois de Hourpes. Oui, là où on avait déjà retrouvé la Golf dérobée à Geneviève V. et utilisée à Hal.

Incendiée, cette Golf-ci aussi, pour effacer les empreintes. Mais on reconnaît la voiture dérobée aux *Trois Canards,* tout en supposant qu'elle a véhiculé les assassins du Delhaize de Beersel.

Bientôt l'on apprend que les nombreux projectiles abandonnés dans la bijouterie ont été tirés par les armes qui ont sévi à Nivelles. Ou que la Golf a été munie d'un déflecteur identique à celui qui avait été placé sur la Santana des braqueurs de l'armurerie Dekaise.

Convergences, convergences.

Nous venons de franchir une étape dans l'horreur. Le meurtre pour le meurtre. Et la réapparition fantastique des cavaliers de l'Apocalypse.

La Belgique plonge dans la psychose. Où et quand vont-ILS encore frapper ?

Une seule note positive, mais d'importance. On regroupe enfin (ENFIN !) les différents dossiers, traités par quatre parquets en fonction des lieux des agressions, pour tout centraliser à Nivelles (à part l'affaire de la filature).

Mais on compte déjà… onze (et un) morts.

Traumatisée, la Belgique attend. Et les jours passent, les semaines puis les mois… Un an ! Un an et demi !

Plus rien.

Quant à l'enquête, elle ne progresse guère. Les suspects reviennent même sur leurs aveux, une contre-expertise sème le doute concernant l'arme qui a tout déclenché. Et les membres de la filière boraine sont progressivement libérés. Au grand désappointement des nombreux enquêteurs persuadés de leur implication.

Au fil du temps, la question se pose, s'impose. Les Tueurs fous se sont-ils évanouis dans la nature à la manière de Jack l'Eventreur ? Peut-on faire à nouveau ses courses du samedi soir sans craindre de voir déferler la horde infernale ?

Chapitre III

Le retour des Chiens de Guerre

Les Tueurs... effacés !

En septembre 1985, les Tueurs ont cessé depuis belle lurette d'accaparer les feux de la rampe. Et pour cause. Non seulement ils ont disparu du paysage mais... ils ont été remplacés. Depuis le 2 octobre 1984, en Belgique, il n'est plus question que des CCC (les cellules communistes combattantes), une bande qui, au nom d'une idéologie à l'opposé de celle des Tueurs fous, obtient le même résultat : plonger le royaume dans la psychose.

Avec les CCC, il n'est pas question de s'en prendre aux supermarchés ou à l'honnête citoyen, mais *aux structures aliénantes du capitalisme et de l'impérialisme américain.* Et ce sont des actes de terrorisme pur et dur menés contre des firmes de l'Oncle Sam, des banques, des intérêts militaires. Avec le dérapage du 1er mai 1985, quand deux pompiers meurent en tentant de désamorcer un engin explosif dissimulé dans une voiture.

La riposte des institutions sera d'une efficacité... troublante face aux errances du dossier *Brabant wallon.* Une unité spéciale est créée, le Groupe interforces antiterrorisme (GIA), dotée de moyens considérables, et les résultats suivent. Un mois à peine après leur premier fait d'armes, le chef des CCC voit déjà sa photo circuler. Et en décembre 1985, toute la bande est sous les verrous. Procès en 1988, condamnation à la perpétuité.

Qui, n'étant jamais appliquée, permet leur libération conditionnelle... opérée il y a peu, au grand dam des familles des pompiers et de leurs collègues.

Oui, les forces de police et de justice, en Belgique, savent aussi fonctionner au mieux. Deux poids, deux mesures ? Et si oui, pourquoi ?

Revenons à nos moutons... qui sont loin d'en être.

Le dépôt Volkswagen

Le 22 septembre 1985, vers 4 h du matin, d'inquiétantes silhouettes se dirigent vers les grillages qui enserrent une aire réputée inviolable. Elles arrivent devant le rempart, haut de 3 m, et jettent un œil au sommet sur les deux rangées de barbelés, avant de se mettre à l'ouvrage.

Nous sommes devant le dépôt Volkswagen d'Erps-Kwerps, dans le Brabant flamand, et nos visiteurs du soir n'ignorent pas l'existence des vigiles et des rondes de nuit incessantes, ou d'un efficace système de détection électronique.

Pourtant, ils osent. Grillage cisaillé. Pourtant, ils passent.

Cinq minutes. Une opération digne d'Hollywood et d'un *Mission impossible*.

L'alarme va se déclencher. Ils ne paniquent pas. Ils savent qu'ils ont le temps d'accomplir leur tâche.

Leur tâche ? Les gardiens puis la BSR de Louvain la découvriront bientôt. Avec stupéfaction.

Tout ça pour ça ?

Il s'agissait de prélever, au sein de l'immense océan de véhicules, une automobile bien précise. Une élection si évidente qu'il leur a fallu déplacer d'autres voitures pour y parvenir. Alors que le temps leur était tellement compté.

Une Golf GTI de couleur sombre. Qu'on a sortie par la brèche réalisée dans le grillage... après avoir fait le plein.

Sidérant.

Pour un peu, on les admirerait, ces extraordinaires gangsters.

Une Golf GTI ! Qu'ils auraient pu voler dans la rue ou chez un particulier quelconque.

L'envie d'impressionner, de stupéfier ?

La Justice tousse.

Impressionner, stupéfier. La gratuité. Ça rappelle quelqu'un. Enfin, quelque chose. Et puis...une Golf GTI. N'était-ce pas le destrier de prédilection de certains cavaliers de l'Apocalypse ?

Frisson. Garder l'affaire secrète. Et attendre. Espérer... qu'on se trompe.

Le Delhaize de Braine-l'Alleud

Le vendredi 27 septembre 1985, peu après 20 h, une Golf GTI s'immobilise sur le parking d'un Delhaize, à Braine-l'Alleud. Les individus qui descendent du véhicule, au nombre de trois, portent des masques de carnaval et de longs manteaux. Parmi eux, un géant. *LE* géant ?

Un gamin de 12 ans attendait ses parents en roulant à vélo. Ils l'arrachent à l'engin et le prennent comme otage. Ou comme bouclier.

Les voilà qui progressent vers l'entrée. Sans discrétion. En formation. Comme pour un règlement de comptes. OK Corral en Brabant ?

Dans une camionnette, un père et son fils attendent Madame et sa fille quand une grêle de projectiles s'abat sur eux. Sans raison. L'adulte est tué sur le coup et le garçon grièvement blessé.

Les Tueurs, qui n'ont jamais semblé si fous, continuent d'avancer.

Un western à l'ancienne.

Devant l'entrée, Ghislain P. émerge, ses provisions du week-end dans les mains. Une décharge de riot-gun le cloue au sol. Sans pardon.

Les monstres sont dans la place. *Tous par terre!* hurle le géant (et leader?). *Couchés! Ou je vous crève!*

Clients et caissières s'exécutent en tremblant.

Le géant demande à un client de le suivre. Celui-ci tente de lui expliquer qu'il n'est pas le directeur mais ne peut achever. On lui tire dessus. Sans l'atteindre.

Deux gangsters ont pénétré dans le bureau du gérant. On ouvre les coffres sans tergiverser et on leur remet tout l'argent qu'ils contiennent. Ils arrachent les fils du téléphone (comme d'habitude) et rejoignent leur comparse.

L'attaque se termine. Soupirs de soulagement. Avant de sortir, l'un des Tueurs ordonne à tous de se tenir encore un moment tranquilles.

Un client a-t-il eu un geste malheureux? Une décharge de riot-gun explose le crâne du pauvre Roger E.

La terreur. A son comble.

Le géant se tourne vers une caissière tétanisée et lui demande de vider les caisses.

Fais vite! hurle-t-il. *Sinon je tue le gosse!*

Quelques instants plus tard, le trio diabolique s'éloigne enfin, en emmenant le jeune otage, un pistolet plaqué contre la nuque.

Arrivés sur le parking, les bandits abandonnent l'enfant et disparaissent.

Derrière eux, une foule en état de choc. Marquée à vie.

Les Tueurs fous sont de retour ! Toujours aussi fidèles. Car c'est à Braine, déjà, qu'ils avaient volé puis abandonné certaine Saab 900 qui a sévi à Tamise et à Nivelles.

De retour. Plus fous que jamais, on l'a vu. Ou plutôt, non. Vous n'avez pas encore tout vu. Car la soirée n'est pas terminée.

Le Delhaize d'Overijse

Ce même vendredi 27 septembre, quinze minutes plus tard (NdA Oui, j'ai écrit QUINZE MINUTES !), soit vers 20 h 30, *LA* Golf GTI s'arrête à 16 km de là, à Overijse.

Un parking de Delhaize.

Trois truands sanguinaires affublés de masques de carnaval et de longs manteaux, armés jusqu'aux dents.

Sur l'aire de stationnement, une famille range ses courses à l'arrière de son véhicule. Premières décharges de riot-gun. Tous s'écroulent. Le fils de 14 ans, Stéphane, ne se relèvera pas. Immonde.

L'un des bandits se planque pour faire le guet. Une première. Parce qu'on s'attend à voir débarquer les forces de l'ordre, alertées par l'épisode précédent ?

Quelle audace ! A moins qu'on ne souhaite, au fond, l'affrontement et le carnage ?

Le géant et un comparse sont dans le magasin. Foule. Panique. Les clients qui se couchent, les caissières qui vident leurs caisses.

L'une d'elles, Rosa V., terrifiée et tremblante, ne s'en sort pas. Une décharge de riot-gun en pleine tête.

Le gérant ne peut ouvrir le coffre, car il a laissé la clé chez un responsable de la sécurité. Son interlocuteur passe sa rage sur le téléphone, qu'il explose à coups de décharges, mais l'épargne... miraculeusement.

C'est déjà fini. Les créatures infernales ont disparu. Le mauvais rêve n'a duré que quelques instants.

Un cauchemar? On finirait par s'en persuader s'il n'y avait ces rivières pourpres qui baignent Stéphane et Rosa. Cette ligne noire qui barre trois nouveaux cadavres abandonnés sur le parking. Léon F., qui venait d'acheter un journal et dont on a retourné le corps pour l'achever. Luc B., qui collait des affiches électorales pour son père, perché sur une échelle. Et Jean-Pierre B.

Trois morts à Braine et cinq à Overijse! Du jamais vu dans les annales criminelles belges.

Et tout ça pourquoi?

Pour 10 000 et 90 000 euros.

Les témoignages, contradictoires, ne seront guère probants. A part une information, très intéressante. Il se pourrait qu'une Opel sombre ait fait office de sentinelle pour nos Tueurs (avec liaison radio?). Une Opel qui s'est éclipsée à l'arrivée de la Golf.

Le Brabant est englouti par un raz-de-marée d'horreur et de douleur.

Demain, la presse s'en donnera à cœur joie. Haro sur nos polices et nos parquets. *Pourquoi a-t-on arrêté les Borains? Pourquoi les a-t-on relâchés? Les a-t-on mis sous surveillance ? Et les supermarchés ? Comment s'avère-t-il impossible de les contrôler ?*

La réponse de la Justice ? Le silence. Mais, dans les coulisses, on s'organise encore un peu mieux et on se donne des moyens supplémentaires. Ainsi, la PJ de Nivelles travaillera dorénavant avec les BSR de Wavre et de Nivelles, rejointes par des policiers d'élite.

Bientôt, la gendarmerie communique des conseils à l'usage des *braqués*. Des services d'ordre s'équipent de riot-guns. Tandis que Bruxelles et ses alentours sont placés sous haute surveillance. Avec, par exemple, en fin de semaine, des tireurs d'élite juchés sur les toits de... cinquante supermarchés. Ou un labo de la PJ de Bruxelles qui se tient prêt à intervenir.

Nos forces de police seraient-elles enfin capables d'affronter l'Adversaire en duel ?

Le Delhaize d'Alost

En octobre, des enfants, en jouant dans un parc d'Alost, découvrent des cagoules, une mitraillette et des armes de poing. Inquiétant, non, vu que le parc est situé derrière... un Delhaize ?

Un peu plus tard, le 31, des joggers remarquent trois individus qui surveillent le supermarché. Suspect, cela. Alors, on appelle les gendarmes qui accourent comme les carabiniers d'Offenbach.

Et on oublie. Parce qu'on est en Brabant flamand, à Alost, et que les Tueurs du Brabant wallon, forcément... opèrent en Wallonie.

Le 9 novembre, vers 16 h, une famille traverse le parking du Delhaize. Un enfant, un homme de petite taille aux yeux noirs très enfoncés et une femme blonde aux cheveux courts. Rien de particulier. Si ce n'est que le père, allant et venant, observe un peu trop attentivement les lieux. Comme s'il cherchait à comprendre ou à mémoriser.

La famille est entrée dans le supermarché et l'homme poursuit son examen, remarque l'entrée principale, tandis que sa compagne remplit son caddie.

Vers 17 h, ils reprennent la route de Bruxelles… après un dernier tour, attentif, du parking.

Vers 18 h, l'homme quitte sa compagne.

Un peu plus tard, à 19 h 32, une Golf GTI sombre se gare sur le parking du Delhaize d'Alost et lâche trois hommes, dont un géant, tandis que, devant l'entrée principale, de manière synchrone, une Mercedes s'est arrêtée, dont le passager a aussitôt franchi le seuil.

Les trois types, masqués, progressent méthodiquement vers l'entrée arrière, déployés en éventail. Et, soudain, voilà qu'ils se mettent à ouvrir le feu. Sans raison. Sauvagement. Comme dans un film de Sam Peckinpah.

Une famille est balayée, les parents et leur fille de 14 ans, tandis qu'un fils de 9 ans est grièvement blessé.

La phalange continue sa froide avancée, pénètre dans le supermarché. Et les assassins tirent. Toujours. Sur tout. Sans panique, pourtant. A l'artillerie lourde : riot-gun, mitraillette… Pas question, cette fois, de contrôler la foule ou les caisses.

Aucun dialogue. Un monologue de feu, de sang et de mort.

Deux clients sont encore abattus. Un père et sa fille.

Ça court, ça crie, on se jette par terre, on pleure, on hurle. Et le bruit des rafales par-dessus tout et l'odeur du sang aussi.

Des fantômes leur ouvrent les coffres ou les caisses.

Ils sortent enfin, emportant un petit coffre-fort.

Un nouveau cauchemar qui s'achève.

Pas encore. Car, dehors, une mère et sa fille ont eu le tort de se trouver dans leur voiture au mauvais moment. Une rafale à travers la vitre.

La Golf GTI démarre, avec le géant qui s'est glissé dans le coffre arrière et nettoie l'horizon. Un nouveau déluge de projectiles. Qui ne sert à rien. Car qui s'aventurerait à suivre de pareils déments ?

Un bilan monstrueux, pire encore qu'à Braine ou Overijse. En quatre minutes (QUATRE !), la bourrasque a emporté quatorze malheureux, dont huit (HUIT !) ont perdu ou perdront la vie.

Un mot sur les forces de l'ordre.

Des gendarmes avaient été détachés à la sécurisation des lieux, mais ils ont quitté leurs postes pour regagner leur caserne peu avant la fermeture du supermarché, quelques minutes à peine avant le déclenchement du drame. Un hasard? Ou le résultat d'une observation rigoureuse, voire d'une information de l'intérieur ?

Quant à la police, elle loge à... 700 m et une patrouille accourt rapidement. Mais nos vaillants serviteurs de la loi ont oublié leurs riot-guns.

Vous frisez l'évanouissement ? Attendez. Une deuxième patrouille veut prendre le relais, mais aucun des trois combis ne peut démarrer.

Une véritable cascade de problèmes techniques ou la peur d'en découdre avec la horde sauvage ?

Quoi qu'il en soit, le ridicule épouse les contours du drame avec un surréalisme qui ravale les disciples de Breton et de Cocteau au rang d'amateurs.

Tout de même. Une voiture de police a réussi à se placer sur la trajectoire des Tueurs fous. Un commissaire, courageusement, dégaine et s'interpose.

La réplique des gangsters, et surtout du géant, qui canarde en jaillissant du coffre comme un diable de sa boîte, est fulgurante, terrifiante. Un ouragan de feu s'abat sur les policiers qui doivent s'abriter et laisser passer la Golf.

Une R4 de la gendarmerie se colle aux basques des démons, mais ne pourra rien contre la vitesse de la voiture trafiquée.

Les Tueurs fous sont de retour, plus sanguinaires que jamais, créatures inhumaines, fantastiques.

A Alost, on recueille des témoignages. Difficilement, car, traumatisés, les gens craignent des représailles. Pourtant, le signalement du géant se précise. Il boîte légèrement et veut se faire passer pour un type à la peau très blanche et aux cheveux noirs (il ne porte pas de masque mais des lunettes fumées et un bonnet), ce qu'infirme la découverte de ce fameux couvre-chef, puisque des analyses démontreront que la coiffure est synthétique et la pâleur due à l'usage d'un maquillage.

Les enquêteurs sont médusés devant la quantité de projectiles qui inondent le supermarché, mais aussi par la qualité de l'arsenal. Des armes interdites en Belgique. Des armes lourdes qui ne servent pas à se protéger mais à massacrer.

Ils sont stupéfaits aussi par la tactique employée. Une équipe de Tueurs à l'assaut, mais un comparse déposé par une Mercedes, en couverture. Puis une seconde Golf GTI placée en sentinelle (le pendant de l'Opel de Braine).

Ce n'est plus du banditisme, c'est du terrorisme. Ou

la guerre. La guerre contre tout ce qui représente la famille et la tranquillité bourgeoise?

Le bois de la Houssière

Pendant qu'on la cherchait sur les axes menant en dehors du guêpier brabançon, la Golf GTI a roulé vers Nivelles puis Hal, erré de-ci de-là. Avant de se volatiliser à l'intérieur du bois de la Houssière, zigzaguant entre les collines et les carrières de sable.

C'est là qu'un jogger la découvrira. Abandonnée. Incendiée. Comme les autres.

Soumise à un flot d'experts, elle parlera un peu. Contre son gré? Pas sûr.

Oui, c'est bien la voiture dérobée dans le parc automobile d'Erps-Kwerps. Oui, comme ses *sœurs*, elle a été allégée puis améliorée, débridée.

Pas de quoi empêcher nos Tueurs de dormir.

Mais il y a de quoi enrager. Le jour de la tuerie d'Alost, vers 16 h, un passant a découvert dans ce même bois de la Houssière un conglomérat d'objets plus ou moins calcinés. Il a prévenu la gendarmerie qui a fait le lien... avec les Tueurs. Or donc, si l'on avait mis le bois sur surveillance...

Cependant, passé un réflexe de dépit, il y aurait plutôt de quoi se réjouir. Car la cueillette, pour une fois, est conséquente. Une première.

Des télécommandes qui, aux mains de spécialistes, peuvent avoir maints usages inattendus. Des documents, où certains mots, encore déchiffrables, ressortissent au domaine du tir. Un cours sur les armes, qu'on utilise à la gendarmerie, à la police ou à l'armée. Une encyclopédie sur les armes. Et notamment un fascicule sur le maniement ou l'entretien d'un riot-gun. Un paquet de chèques... avec le cachet *Delhaize Overijse*. Les chèques volés par les Tueurs! Donc, tout ce qui vient d'être évoqué, ainsi que quelques autres restes, a appartenu à nos insaisissables fauves.

Une découverte fortuite mais capitale?

Le canal de Charleroi

Après leur tonitruant retour, les Tueurs se sont tus à nouveau. Pour de bon, cette fois.

Etrange. Un retour si bref et des risques si inconsidérés. L'envie d'accomplir un ultime baroud pour marquer l'Histoire criminelle ou plonger un Etat dans l'épouvante? Ou, alors, on s'éclate une dernière fois en s'en donnant à cœur joie? Ou, encore, un fait caché, comme le décès d'un leader, pourrait avoir incurvé leurs projets?

L'enquête s'est poursuivie, ramifiée, complexifiée... et nous allons bientôt en parler.

Mais cette saga, qui avait eu son prologue et sa préhistoire avant de vivre son histoire et son apothéose, se devait d'avoir un épilogue à la hauteur. Elle l'eut.

Le 9 novembre 1986 (NdA: Oui, un an, jour pour jour, après la sortie d'Alost!), une équipe de l'armée vient plonger dans le canal de Charleroi, en Hainaut, et, plus précisément, à Ronquières.

Pourquoi? Parce que deux personnes, un an plus tôt (!), la nuit même d'Alost, ont aperçu plusieurs individus suspects balancer à l'eau trois sacs. Des individus habillés comme des militaires (des commandos?), qui seraient descendus d'une Golf et d'une Mercedes.

A l'époque un plongeur amateur (!) a jeté un œil dans le canal et n'a rien trouvé, on a vite renoncé. Mais le parquet (flamand) de Termonde, qui a pris Alost en charge, a reçu le dossier de Nivelles et approfondit des devoirs un peu bâclés à son goût.

On plonge donc. Et on trouve. Oh oui, on trouve.

D'abord, sur la berge, un document militaire où il est beaucoup question de riot-guns. Puis trois sacs en plastique. Dedans, les gilets pare-balles dérobés à Tamise, des munitions et une douzaine d'armes découpées en morceaux.

Après la découverte du bois de la Houssière, voilà un deuxième pan des reliquats d'une aventure effroyable. Comme si les Tueurs avaient décidé, avant même Alost, d'en rester là ensuite. Et avaient jeté les bases d'un jeu de piste, puis d'un puzzle à décrypter. Ultime pied de nez pour polir la légende ?

Que l'on ne croie pas trop au hasard. Après avoir montré tant de professionnalisme, est-il concevable que nos fauves aient choisi un endroit du canal particulièrement touristique, transformé en plan d'eau, avec parc de jeux et friterie aux alentours ? Et ce canal, plutôt que la Meuse, par exemple, un fleuve dont le courant aurait tout emporté ?

Quoi qu'il en soit, quand les pièces seront reconstituées, les enquêteurs auront dans les mains un arsenal qui leur permettra de relier toutes les affaires dont nous venons de parler. La canardière de Dinant, qui aurait menacé l'armurier Dekaise. Des armes dérobées à ce dernier. Le pistolet du gendarme abattu à Nivelles. Le 22 long rifle qui a tué José, le concierge de *L'Auberge du Chevalier,* le taximan Constantin A., le chien de garde du garage Jadot, le couple Jacques F.-Elise D. et l'agent à Nivelles, le concierge de la filature de Tamise. Un revolver semblable à celui qui a exécuté le gérant du Delhaize de Beersel. Des cartouches du type de celles des séances de tir meurtrières du retour fracassant de 85. Les gilets pare-balles dérobés à Tamise et sans doute utilisés lors des ultimes braquages. Un coffre et un tiroir-caisse enlevés à Alost.

Fin de la saga. De la partie émergée de l'iceberg. Allons voir à présent sous la quille. Et découvrons des faits qui ne le cèdent en rien à la narration qui précède. Il ne sera pas question d'une aride analyse des éléments mis à la disposition des enquêteurs. Non, il y a de l'action et du mystère en perspective.

Chapitre IV

L'enquête

La filière boraine

Le Rüger

Le 25 mai 1983, une certaine Josiane Estiévenart se serait (notez le conditionnel) débarrassée d'un revolver Rüger P38, remis à une antenne de gendarmerie du Borinage. Pourquoi ? Pour éviter un drame. Car son mari la frappait, la menaçait de mort, et elle redoutait le coup de folie d'un des conjoints.

Informée, la BSR de Mons prend l'arme en charge et un maréchal des logis chef (MDLC) la transmet à un expert en balistique. C'est que le nom d'Estiévenart ne lui est pas inconnu : il fréquente un certain Vittorio, qu'un indic a été chargé de surveiller.

Le 20 juin, l'expert annonce que le Rüger a été utilisé au cours de l'attaque du Delhaize de Genval. Dans l'ombre, la gendarmerie réunit des indices. Mais quatre mois passent. Et, quand, le 29 octobre, trois Borains sont enfin arrêtés, les Tueurs ont semé la mort à six nouvelles occasions. Pourquoi un tel délai avant d'agir ?

Les suspects

Bientôt, six suspects se trouvent placés sous tous les projecteurs du royaume. Issus de milieux modestes, ils sont connus comme des piliers de bistrot, qui n'ont pas fait d'études poussées et vivent d'expédients.

Adriano Vittorio, la quarantaine, un Français que l'on assimile au géant. A Marseille, dans ses jeunes années, il a été affilié à un groupuscule nationaliste qui a dérivé vers le crime. Il a fui le Midi à la suite des remous provoqués par une attaque de fourgon, où plusieurs convoyeurs ont perdu la vie. En Belgique, il a rebondi et lancé une entreprise qui voulait concurrencer les... grandes surfaces en proposant des prix plancher. Réussite remarquable, mais un redressement fiscal a brisé son rêve. A partir de là, il vivote. Un petit boulot à droite, une affaire louche à gauche. Des lignes sur son casier judiciaire? Oui, mais pour des peccadilles: chèques sans provision, infractions au code de la route, port d'armes illégal. Mais, à en croire l'indic qui le surveillait, il nourrissait des envies de braquage, multipliait les projets... qui, tous, avortaient. Apparemment.

Kaci Bouaroudj, la quarantaine, un Algérien, successivement patron de divers cafés, qui ne sait ni lire ni écrire, et s'exprime de manière brouillonne, avec un accent arabe très prononcé. C'est lui l'indic de la BSR de Mons, celui qui dénonçait les projets (farfelus?) de Vittorio. A force d'entendre hurler au loup, le MDLC qui le gérait a fini par ne plus l'écouter... alors qu'il lui a annoncé le hold-up du GB d'Hoedeng-Goegnies.

Michel Cocu, la trentaine, un rouquin trapu et taciturne, auquel le Rüger a appartenu quatre ans avant d'être récemment revendu. Après avoir raté les examens d'entrée à l'armée et à la gendarmerie, il a intégré une police communale mais s'est fait virer quand il a simulé une alerte à la bombe pour voler des cartes d'identité. Deux mois de prison. Puis une vie de paria. Des petits boulots et le chômage.

Michel Baudet, la trentaine, un chômeur qu'on dit... *simplet* mais serviable et paisible, quoiqu'il ait un jour tenté d'étrangler sa femme (qui, il est vrai, lui avait expédié une giclée de chevrotines). Une épouse dont il est à présent séparé... situation partagée par Vittorio, Bouaroudj et Cocu.

Jean-Claude Estiévenart, près de quarante ans, qui promène des casseroles plus encombrantes : vols qualifiés, attaque à main armée. Mais il s'agit de péchés de jeunesse. Depuis des années, à part quelques bagarres, pas grand-chose à signaler. Il a même voulu s'ériger entrepreneur, mais a fait faillite en 1982 et perdu sa maison, tandis que ses enfants étaient confiés à une assistante sociale. Au contraire de Cocu, c'est quelqu'un d'extraverti, qui attire les sympathies. Détail troublant : il change souvent de voiture et des sommes rondelettes lui passent par les mains. Le poker ? Et puis... il est le dernier propriétaire du fameux Rüger.

Josiane Estiévenart, un peu plus de trente ans, l'épouse de Jean-Claude, avec lequel elle entretient des rapports tumultueux à la *Je t'aime moi non plus*. Des allures de starlette, avec ses cheveux oxygénés et ses moues provocantes, qui lui ont valu, dans les journaux, le surnom de *Cicciolina du Borinage*.

Aveux et protestations d'innocence

En novembre, Cocu lâche le morceau. Brisé par la sévérité des interrogatoires (parfois trente-six heures d'affilée !), il reconnaît l'attaque de Genval et désigne ses complices : Baudet et les Estiévenart. Plus tard, il revendique aussi les agressions d'Uccle, de Hal et de Nivelles, ajoutant Vittorio, un spécialiste du perçage de coffres, à la liste de ses comparses. Il impliquera aussi d'autres individus qui seront arrêtés puis relâchés, faute d'éléments suffisants.

Baudet et Vittorio se mettent à leur tour à table.

Mais jamais les trois autres, qui hurlent leur innocence.

Puis nos trois *coupables* reviennent sur leurs déclarations, démentent leurs aveux, les mettent sur le dos de la brutalité policière, etc.

Un alibi imparable

Le 1er décembre, alors que les Borains sont sous les verrous, nous avons vu que les Tueurs fous se déchaînaient à Anderlues et abattaient un couple de bijoutiers, semant une inhabituelle pléthore d'indices. De quoi affirmer leur identité ? Ou fournir un alibi à leurs complices ?

Le procès

Le procès des six Borains débute le 18 janvier 1988.

Cocu justifie ses aveux précédents par les conditions de leur obtention : privé de sommeil, de boisson et de nourriture, etc. Baudet parle de coups, tandis que Josiane aurait terminé certaines séances... très peu vêtue. De plus, on leur aurait soufflé des réponses ou on aurait enjolivé les PV qui retranscrivaient leurs aveux. Affabulation ? Exagération ?

Il apparaît évident qu'on voulait trouver rapidement un coupable. Plus grave : on s'est braqué sur le Rüger alors que d'autres examens, réalisés parfois par des services étrangers (comme l'Identité judiciaire de Paris ou le Bundeskriminalamt allemand de Wiesbaden), ont fourni des résultats très divergents. Or un juge d'instruction a oublié cette révélation capitale dans un tiroir. Neuf mois durant. Parce qu'elle ruinait tout l'échafaudage de sa théorie ? Un avocat de la défense finira par découvrir le pot aux roses et ce juge sera dessaisi.

Cela dit, les conditions des aveux étaient-elles si insoutenables ? Certains sont tombés dans le cabinet d'un juge d'instruction. Et, surtout, Jean-Claude Estiévenart, Kaci Bouaroudj et Josiane (une femme !) n'ont jamais craqué, eux, et toujours protesté de leur innocence.

Après trois audiences, un rebondissement provoque la suspension immédiate, une première en vingt ans de procès d'assises. Le juge dessaisi, cité comme témoin, annonce avoir retrouvé un pistolet 9 mm qui a tiré lors des attaques meurtrières de Wavre et d'Alost. Et où cela ? Chez la femme d'un certain Madani Bouhouche, un ancien gendarme catalogué d'extrême-droite.

Le procès reprend trois mois plus tard.

Des observations s'opposent. D'un côté, les aveux des accusés Cocu et Vittorio comportent des détails si troublants que l'on doit envisager leur présence lors des agressions de Genval, de Hal et de Nivelles, voire d'Uccle. Mais, d'un autre côté, les descriptions fournies par les nombreux témoins ne correspondent pas avec le physique ou la manière de parler des Borains. Vittorio, par exemple, avec sa corpulence massive (124 kg pour 1 m 84) ne peut être l'athlétique géant. L'explication ? Ils pourraient n'avoir joué qu'un rôle secondaire : faire le guet, le taxi.

Nouveau rebondissement, quand un autre juge d'instruction se demande publiquement s'il n'y a pas eu manipulation de l'enquête et de sa personne pour incriminer les Borains. Et d'en revenir au Rüger, qui a tout déclenché. Ayant appris qu'un certain Christian A. (un ami de Madani Bouhouche !) venait d'être arrêté, il signale que ce gendarme appartient à la BSR de Mons qui a, la première, enquêté sur la filière boraine. Or aucun PV n'explique clairement les circonstances de l'arrivée du Rüger, dont il est sidérant de constater les pérégrinations de 1983. Après quatre années tranquilles (?) chez Cocu, il est revendu à Estiévenart puis cédé, quinze jours plus tard, à un entrepreneur de pompes funèbres, avant de passer, après deux semaines, entre les mains d'un charpentier, chez qui Josiane viendra frapper pour le racheter, lui déclarant qu'elle ne veut pas de problèmes avec un gendarme de la BSR de Mons, auquel l'arme aurait un temps... appartenu. Christian A? Perspective abyssale. Qui permet de tout envisager. Une collusion Christian A./Bouhouche et Cocu et C°. Une manipulation de ses derniers. La possibilité que Christian A. ait fait aboutir le Rüger entre les mains de la justice pour (dés)orienter l'enquête.

Au bout du compte, malgré des aveux... reniés et certains détails troublants, il n'y a aucun indice matériel. Dans un dossier de 140 000 pages !

Il y a plutôt des preuves, affligeantes, d'un manque de centralisation et de coordination du côté de l'enquête. De rigueur aussi, à voir comment des reconstitutions ou des auditions de témoins ont été menées.

Le verdict

Le 29 avril 1988, les Borains sont innocentés sur toute la ligne.

Bouaroudj, contraint de les fréquenter en tant qu'indic, est acquitté.

Baudet, Cocu et Estiévenart sont condamnés à deux ans pour une autre affaire.

Quant à Vittorio, il prend six ans pour sa participation au hold-up d'Hoedeng-Goegnies, reconnu extérieur au dossier des Tueurs fous, et est le seul à demeurer en prison, quand les autres, du fait de la préventive (deux ans !), se retrouvent libres.

A la sortie du procès, les familles des victimes, dépitées, jugent que les vrais coupables, protégés, ne seront jamais connus. Un refrain qu'on entendra à nouveau dans notre deuxième grand dossier, *Anges et démons*.

Premier essai de reconstitution des faits

Une hypothèse, relayée par la conviction de maints enquêteurs

Et si l'on essayait de choisir la voie la plus simple, en écoutant les accusés et en les suivant... tant qu'on le peut ?

Puisque Cocu, Vittorio et Baudet se sont dits coupables, faisons comme si...

Et puisque Josiane et Jean-Claude Estiévenart ainsi que Kaci Bouaroudj ont hurlé leur innocence...

Nivelles

A en croire Cocu, dont les versions ont subi quelques variantes, il y aurait eu neuf complices, dont cinq armés de gilets pare-balles (volés à Tamise ?), répartis dans quatre véhicules (avec Baudet en guetteur), soutenus par un camion-atelier (conduit par un garagiste, qui les attendait sur une aire de stationnement et pouvait embarquer une voiture poursuivie, la maquiller).

Un scénario qui tient la route, car il explique beaucoup (dont les disparitions). Et puis Cocu décrit très bien les lieux ou les faits. Le complice qui attaque la porte métallique au chalumeau, la Mercedes de Jacques et d'Elise qui survient par hasard, Vittorio qui achève le gendarme, la liaison radio qui permet de rester en contact (alors qu'on a trouvé des talkies-walkies chez le garagiste incriminé), la cavale à la Peckinpah (avec des détails jamais communiqués par les journaux !) ou la liste des armes utilisées (qui recoupe les observations des experts).

Dans ses aveux, Baudet reconnaît aussi avoir fait le guet, mais il inclut Bouaroudj. Quant à Vittorio, il va généralement dans le même sens et déclare avoir tiré sur les policiers brainois ou trucidé le berger allemand du garage Jadot.

Genval

D'après Cocu, on aurait eu affaire aux Estiévenart, à Baudet (pour le guet, encore), au garagiste Francesco N. (on va chez lui pour effacer des indices), à lui-même et à Vittorio qui aurait tiré au riot-gun dans le plafond du supermarché puis sur le courageux client Culot.

Hal

D'après Cocu et Vittorio, ils étaient présents, bien sûr, mais aussi Baudet, encore et toujours, et les Estiévenart, Francesco N. (en soutien logistique) et... Bouaroudj.

Conclusions

Rien n'est sûr et tout demeure possible (même une totale innocence de tous les Borains, même une implication des Estiévenart), mais il est très concevable que Cocu ait mêlé le vrai et le faux, par exemple en ajoutant des innocents qui, par leurs protestations sincères ou leurs alibis, brouilleraient les cartes et pousseraient à écarter la filière boraine dans son ensemble.

Mais pourquoi mouiller tel ou tel? Pour Bouaroudj, sa qualité d'indic ne nécessite guère de commentaires. Les Estiévenart? Pour Jean-Claude, Cocu l'aurait entraîné dans les ennuis pour se venger. Une histoire de fille.

Ecoutons encore Estiévenart. Selon lui, Cocu est impliqué et connaît une partie de la vérité, mais il se serait retiré quand les morts se sont accumulés, effrayé. Et notre Jean-Claude de raconter une étonnante anecdote, digne des meilleurs thrillers américains.

Un jour, Cocu et lui se promènent dans le préau de la prison de Nivelles quand un coup de feu retentit, venant de l'extérieur. Un pigeon s'abat aux pieds de Cocu, la tête arrachée, et celui-ci pâlit. Un avertissement. L'ordre de se taire. Le rappel qu'il n'est nulle part à l'abri. Donné par un tireur d'élite. Or, toujours d'après notre Jean-Claude, celui-ci était près de faire parler son compagnon.

A décharge, on retiendra que Vittorio est handicapé physiquement à 66%, que Cocu n'a pas réussi les tests physiques qu'on lui a soumis à l'armée, à la gendarmerie ou à la Légion, lors de ses divers examens d'entrée, et que Baudet est trop limité. Des allures de bandits du siècle?

Surtout, quid pour la filature de Tamise, *Les Trois Canards,* le Delhaize de Beersel et la bijouterie d'Anderlues? Une autre bande? L'expertise balistique démontre que les armes qui ont frappé à Nivelles ont frappé aussi lors de ces quatre tueries. Et les armes des gendarmes de Nivelles ont été repêchées dans le canal de Charleroi... avec celles qui ont craché le feu et la mort à Braine, à Overijse et à Alost en 1985... alors que les Borains ne peuvent y avoir pris part.

Donc? Nos Borains ont-ils prêté/donné leurs armes? Y a-t-il une partie immergée de la bande, qui, si elle n'a pas été citée, serait inconnue des Cocu, Vittorio et autres Baudet? Ou qui leur ferait trop peur? Une équipe bis qui aurait pris le relais ou qui aurait participé à l'ensemble, assumé le gros des attaques?

A ce point de notre enquête, remarquons que si les Borains sont coupables, on peut tout au plus (façon de parler, bien sûr) leur attribuer quatre assassinats... sur les vingt-huit du dossier *Tueurs fous*.

Il nous faut donc creuser encore.

La filière gitane

Le Delhaize de Lokeren

En décembre 1985, un mois après Alost, des bandits s'introduisent nuitamment dans un Delhaize flamand, à Lokeren. D'après un témoin, ils circulaient en BMW et le conducteur portait une cagoule.

Confirmation rapide: la BMW est retrouvée abandonnée (avec des marchandises dérobées), victime d'une panne. Elle a été réaménagée, débridée pour la course et l'attaque, et ses plaques minéralogiques copient celles d'un véhicule identique et régulier. Des techniques qui rappellent quelque chose.

Dans la voiture, des munitions... semblables à celles qui ont crépité à Alost.

Enfin, à proximité de la BMW, on surprend un couple de receleurs venus s'emparer du butin. Or ce sont les complices habituels de trois truands qui appartiennent à un gang redoutable, le gang De Staerke. Les photos de ceux-ci se mettent à circuler et les témoins du hold-up de Baasrode, commis six mois plus tôt à l'aide de riot-guns et de fusils de chasse, les reconnaissent.

Bientôt, deux des trois truands sont arrêtés et avouent l'attaque de Lokeren, tout en opposant un mutisme total à propos de leurs complices, des munitions ou du lifting de la BMW. Les perquisitions se succèdent. Dans un box, on découvre des photos de

Philippe De Staerke, le leader du gang, et d'Apostolos P., un grand blond de 1 m 94 qui boîte un peu. Comme le fameux géant des Tueurs fous ! Chez le frère de ce dernier, on met la main sur un étonnant courrier échangé avec des pointures du milieu marseillais. Cette fois, contrairement aux marginaux de la filière boraine, on touche au grand banditisme.

En mars 1986, Philippe De Staerke, le chef, est enfin localisé et appréhendé.

Philippe De Staerke

Philippe De Staerke (29 ans) est un truand consommé, un dur de dur qui s'est fait les dents à la Légion étrangère et qui va (presque) tout nier.

Issu d'une famille de gitans installés aux alentours de la capitale, il a de qui tenir car son frère aîné, *Petit Léon*, est une célébrité du crime et sa tribu est impliquée dans mille et un délits.

Lui-même, plusieurs fois condamné, a déjà passé quelques années en prison. Curieusement, il s'est évadé le 16 septembre 1983 avec trente-sept autres détenus de la prison de Tournai. Et le lendemain, c'était l'attaque du Colruyt de Nivelles, qui a lancé le mythe sanglant. Un hasard ?

En mars 1985, il a cette fois profité d'un congé pénitentiaire (!) pour se faire la malle. Et il n'a pas perdu son temps, organisant... une cinquantaine d'agressions contre des banques, des supermarchés, etc.

Un vrai caïd.

Inculpés !

Après l'arrestation de leur chef, les truands se mettent à parler. Beaucoup. Et les arrestations se succèdent.

En juin 1987, ce seront quinze prévenus qui affronteront la cour d'appel de Gand, poursuivis pour... cent cinquante-sept délits ! Et des peines très lourdes en découleront : par exemple, vingt ans pour Philippe De Staerke et ses principaux lieutenants, tous jugés incurables.

Et soudain... un coup de gong. Le jour même de sa condamnation à Gand, De Staerke est inculpé de complicité... pour Alost !

Pourquoi ?

Il y a d'abord son profil psychologique. Il s'est trop vanté d'aimer le goût du sang et a démontré son attrait morbide pour les actions de commandos. Un reliquat de son passage à la Légion ? Sans compter qu'en tant que gitan, il vit en marge de notre société et méprise les gens normaux.

Il y a les caractéristiques communes aux deux bandes. Des durs qui tirent au riot-gun ou au fusil de chasse, un concept tactique soigneusement rôdé avec le soutien de garagistes (qui débrident ou maquillent les véhicules, copient les plaques) ou l'incendie des indices. Et puis cet étonnant cerveau du crime a pris l'habitude de faire tourner ses troupes, renouvelant des cellules de quatre ou cinq gangsters. Un système qui expliquerait toutes les discordances relevées dans notre dossier *Tueurs fous* (des témoins incriminent De Staerke, Apostolos ou un autre dans une attaque, mais ces derniers ont un alibi en béton pour l'affaire qui suit ou qui précède).

Il y a les faits. Lors des perquisitions chez ses comparses, on a trouvé des vêtements qui lui appartenaient et qui correspondaient à ceux qu'avaient décrits les témoins du dernier *exploit* des Tueurs fous. La nuit d'Alost, De Staerke a fait circuler une mystérieuse valise, qui pourrait avoir contenu les armes du carnage.

De plus, cette même nuit qui vit jeter un arsenal dans le canal de Charleroi, deux de ses complices ont fui la Belgique en passant à proximité dudit canal. Un coin où, soit dit en passant, les membres du gang passaient régulièrement des week-ends de villégiature.

Enfin, De Staerke s'est fabriqué un alibi pour la soirée d'Alost. Et celui-ci ne tient pas la route. Pis : sa compagne a dû admettre avoir effectué une reconnaissance à Alost, entre 16 h et 18 h. Oui, c'était De Staerke dont nous évoquions l'étrange manège quelques heures avant le déferlement de l'horreur.

Le lien Borains / De Staerke

La piste De Staerke est d'autant plus intéressante qu'il y a un lien possible avec les Borains. Via un membre d'une autre tribu gitane, les Becker. C'est qu'un membre du trio Cocu-Vittorio-Baudet, le dernier nommé, fréquentait cette bande de ferrailleurs impliqués dans une myriade de combines louches depuis des générations et que nos trois Borains ont maintes fois cité Robert *Baloo* Becker dans leurs aveux.

Au-delà des aveux controversés et des conjectures, notre « hercule de foire » a été reconnu par plusieurs témoins. A tel point que sa tribu sera mise sous surveillance en décembre 1985 et qu'on s'intéressera de près à ses rapports avec leurs *frères* De Staerke. L'on observera qu'un Becker s'est tué fin 1985 au volant d'une Saab 900 turbo volée ou qu'un autre a été arrêté fin 1986 pour un meurtre de taximan, fac-similé de l'affaire *Constantin A.*

Alors ? Les Borains (et les Becker) ET le gang De Staerke ? Les Borains/Becker PUIS le gang De Staerke ? L'hypothèse tient la route. Des *tueurs du dimanche* relayés par des tueurs professionnels. Une première équipe qui s'efface, terrifiée par l'ampleur des dégâts.

Il y a beaucoup d'éléments dans le dossier pour croire à l'implication des uns et des autres. D'ailleurs, le procureur du roi de Nivelles, évoquant un nouveau banditisme, nettement plus violent, en rupture avec les codes ou les règles du milieu classique, a *profilé* les Tueurs comme des fauves issus d'un désert affectif et social, ennemis mortels d'une société travail/famille/vie bourgeoise qui n'a pas voulu d'eux. De là le fait d'avoir attaqué des supermarchés plutôt que des banques, privilégiant le danger et le sang versé face à la perspective de butins alléchants. Au fond, ce magistrat a dépeint des pirates, des flibustiers.

Pourtant... Pourtant, la synergie Borains/Becker/De Staerke n'explique pas tout. Et on bute sur d'autres questions. Si l'on a affaire à de purs bandits (même revanchards ou haineux), comment justifier une progression paramilitaire qui privilégie le carnage au vol? Pourquoi cette hallucinante construction d'un puzzle énigmatique à l'usage des enquêteurs (bois de la Houssière/canal de Charleroi)? Et ces fuites, ces manipulations (le Rüger?) de l'intérieur de l'enquête, qui ont été dénoncées par maints magistrats ou hommes de terrain? Et ces vols de prototypes uniquement connus de rares initiés, chez Dekaise ou à Tamise? Sans compter une série de découvertes qui orientent l'enquête dans d'autres directions.

Continuons notre progression dans cet épais dossier.

D'autres pistes

Des enquêteurs, des journalistes se sont braqués sur le professionnalisme extrême (paramilitaire) des Tueurs fous, leur volonté de faire couler le sang ou leur attachement à la cible Delhaize. Trois hypothèses en ont découlé.

La mafia américaine. La chaîne Delhaize s'est implantée aux States, ce qui n'a pas été sans causer divers remous. L'envoi de tueurs professionnels *made in USA* aurait été destiné à mettre la maison mère sous pression pour la contraindre à accepter le versement de sommes considérables.

Le KGB soviétique, qui aurait tenté de déstabiliser l'Etat où réside le commandement général de l'OTAN.

La CIA américaine, qui aurait souhaité persuader la Belgique de se doter enfin d'un système policier efficace en pointant un doigt destructeur sur ses trop nombreuses carences matérielles, structurelles et humaines. Pour des raisons opposées à celles du KGB : renforcer, durcir l'Etat qui abrite le cœur de l'OTAN.

A y regarder de plus près, ces hypothèses ne tiennent guère la route, car des tueurs parachutés d'URSS ou des USA n'auraient pas eu cette extraordinaire connaissance du terrain ou ces soutiens avérés de l'intérieur.

Une autre piste étrangère tient davantage le choc de la confrontation avec les faits.

La piste libanaise

En mai 1982, l'armurier-créateur Daniel Dekaise a réussi à adapter un silencieux sur une mitraillette Beretta. Fier de son prototype, il court le proposer à une firme (à qui l'on doit... la canardière!) qui lui délègue un certain Willy P. Or ce conseiller commercial est un redoutable trafiquant d'armes. Il se montre pressant, parle d'une adaptation du nouveau silencieux sur des pistolets-mitrailleurs Ingram. Acquiescement de Dekaise auquel on présente bientôt un membre (présumé) de la CIA américaine. Une commande est passée, une avance offerte, des Ingram prêtés, et Dekaise s'attelle à la tâche.

Mais revoilà déjà Willy P., accompagné de quatre clients libanais qui cherchent des armes de guerre (comme les Ingram) pour les phalanges chrétiennes, mais se montrent aussi intéressés par les silencieux.

Deux clients potentiels. Mais la suite des paiements américains est soudain suspendue et, dans la foulée (le même mois!), Dekaise est braqué... par nos Tueurs fous. Qui s'emparent d'une mitraillette Beretta munie d'un prototype du silencieux et des Ingram! *On a trouvé ce qu'on cherchait!* hurle un des braqueurs avant de s'éclipser.

Qui connaissait l'existence du prototype de silencieux et la présence des Ingram? Un cercle très restreint d'initiés. De là à envisager un vol commis ou commandité par les milieux phalangistes de Bruxelles...

Alors? Nos Tueurs fous... des Libanais? L'hypothèse ne tient guère la route, elle non plus, pour les mêmes raisons que les pistes russe et américaine. Par contre, qu'il y ait eu connexion ponctuelle pour obtenir ces armes... Or l'un des amis du gitan Philippe De Staerke, Alain M., dit le *Flingueur*, qui s'est battu pour obtenir la place de parrain du milieu bruxellois, avait monté, avec quelques complices, un business juteux qui consistait à fournir des armes à une faction des phalanges chrétiennes libanaises installée en Belgique en échange d'héroïne. Donc...

Il y a une autre filière, étayée par une accumulation de faits et d'indices, à laquelle nous avons déjà, brièvement, fait allusion (Christian A., Bouhouche). Attention. Nous nous dirigeons vers une nébuleuse qui va nous embrouiller, nous aveugler. Concentration !

La piste de l'extrême-droite

Un certain Juan Mendez

Le 7 janvier 1986, un automobiliste sursaute en passant à hauteur d'une bretelle d'autoroute. Il est 16 h 15 et la VW Passat GTL turbo bleue qu'il aperçoit à l'arrêt se trouvait dans la même position le matin, vers 8 h. Bizarre.

L'homme descend de son véhicule et se dirige vers la Passat. Horreur ! Le conducteur est affaissé sur le volant, littéralement massacré.

L'enquête conclura qu'il a reçu, par la portière ouverte et de très près, une balle dans l'œil (fatale) suivie de trois dans l'oreille droite et de deux dans la poitrine. Comme elle observera que l'itinéraire du malheureux n'était pas exactement celui qu'il empruntait pour aller au travail. Un rendez-vous ? Avec qui ? Et pourquoi une telle sauvagerie ?

La victime ? Juan Mendez (33 ans), un citoyen a priori irréprochable. Fils d'un avocat qui a fui l'Espagne après avoir osé défendre des opposants du général Franco, ce grand gaillard chaleureux s'était remarquablement intégré et travaillait pour la FN, la fabrique nationale d'armement, un géant mondial du genre.

Irréprochable ? Quoique... Quand votre boulot consiste à inventer des outils de mort de plus en plus performants ou à gérer leur exportation, difficile de conserver les mains parfaitement propres. D'autant que l'intérêt économique incline à contourner les embargos et à user de filières illégales. D'autant que la Belgique est devenue une plaque tournante du trafic d'armes, de par sa position stratégique et son absence de législation spécifique.

L'enquête va dévoiler des faits troublants.

Ainsi, en novembre 1984, de mystérieux voleurs ont essayé de s'emparer de l'impressionnante collection d'armes à feu que Mendez a accumulée dans sa villa cossue d'Overijse. Après ce premier échec, ils ont remis cela en mai 1985 et mis la main sur un arsenal redoutable: pistolet-mitrailleur Uzi, Kalashnikov, fusils de chasse, Lüger, Smith & Wesson, etc.

Depuis, Mendez allait régulièrement aux nouvelles à la PJ ou à la gendarmerie, il avait même téléphoné depuis Porto Rico pour connaître les armes utilisées lors de... l'hécatombe du 27 septembre (Braine et... Overijse). Et couru au commissariat dès son retour.

Il menait sa propre enquête, fondée sur une connaissance approfondie du milieu très particulier des armes, et évoquait, de plus en plus inquiet, la possibilité... d'un coup d'Etat en Belgique.

Et puis, surtout, il en était venu à soupçonner... les gitans De Staerke et Madani Bouhouche.

Madani Bouhouche

Le jour du meurtre de Juan Mendez, les gendarmes se rendent à son domicile dans la soirée et y découvrent une vieille connaissance: Madani Bouhouche (36 ans), un ex-collègue de la BSR de Bruxelles.

Suspecte, sa présence? A priori non, car c'est madame Mendez qui l'a appelé, en tant qu'un des meilleurs amis de son mari. Pourtant... Car ce Bouhouche, ce n'est pas n'importe qui.

Gendarme, c'était un as du renseignement doté d'une mémoire prodigieuse, un excellent tireur aussi. Mais, à côté de cela, un caractère introverti mais fort, dur et à l'imagination perverse. Bref, brillant mais dangereux. Dont la carrière a été brisée en deux temps.

Premier temps.

En 1981 éclate l'affaire *François*, du nom du commandant (réputé) d'une section spéciale antidrogue. Ses hommes et lui auraient usé de méthodes illégales dans leur lutte contre les trafics. Par exemple, en vendant la drogue saisie pour financer leurs opérations. Ils en seraient arrivés là pour avoir été formés par des superflics américains qui leur auraient enseigné que la fin justifie les moyens. Parmi ces hommes d'élite qui ont pris certaines libertés avec les lois : Madani Bouhouche et ses amis Robert B. et... Christian A.

La Belgique étant décidément très petite, qui a été chargé de l'enquête ? L'adjudant-chef qui gérera plus tard... le dossier *Mendez.*

Un adjudant-chef qui se voit un jour convié à un rendez-vous bidon avec trois de ses hommes. Mais il s'agit d'un traquenard. Commandé à distance, un mécanisme fait exploser la voiture des gendarmes, qui s'en sortent miraculeusement.

Un expert ès explosifs est intercepté et reconnaît avoir vendu le mécanisme électronique de mise à feu, mais sans savoir qu'on en ferait un tel usage. Il a beau refuser de citer ses commanditaires, on finit par le libérer. Mais on note qu'il est... le parrain de l'un des enfants de Bouhouche.

Deuxième temps.

Toujours en 1981, Bouhouche est pris en flagrant

délit, en compagnie de son inséparable collègue et ami Robert B. : ils posaient des micros dans le bureau d'un major (NdA : le supérieur de l'adjudant-chef miraculé !), qui requiert aussitôt des peines disciplinaires contre les deux électrons fous.

Or, dans la foulée, une nuit d'octobre, peu après les douze coups, la sonnette du domicile de ce major retentit. Interloqué, il se dirige vers la porte d'entrée et, prudent, demande qui se trouve derrière. A ce moment, des coups de feu éclatent. L'officier recule, mais est atteint dans le dos. Il parvient à s'abriter et à téléphoner à la gendarmerie, tandis que la déferlante de feu se poursuit. Comme dans les thrillers US. Fenêtres qui explosent, victimes qui se jettent sous les tables, héros sans peur et sans reproches qui sort son arme et riposte, sauvant les siens.

Bouhouche et Robert B. sont suspectés. Cette fois, leur compte est bon. Poussés à la démission, ils fondent ensemble une agence de détectives avant de se brouiller et de se séparer. Temporairement.

Bouhouche, qui deviendra armurier, fait partie de ces hommes qui s'estiment au-dessus des lois, qui croient à la supériorité (nietzschéenne... et nazie) d'une race de seigneurs. Nourrissant une haine féroce et revancharde contre la gendarmerie, il verse tant et plus dans tout ce qui touche de près ou de loin à l'extrême-droite.

Il se passionne ainsi pour le *practical shooting*, une discipline créée par un Américain qui veut privatiser la sécurité publique et enseigne un tir offensif, c'est-à-dire destiné à tuer. Des entraînements où l'on retrouve des anciens policiers et gendarmes, des gens des renseignements, des détectives. Et des amateurs.

Comme Juan Mendez, l'homme de la FN assassiné, qu'on s'étonnera, avec un père antifasciste, de retrouver en aussi disgracieuse compagnie. Mendez qui devient alors son ami.

Parmi les épreuves enseignées lors de leur formation, le test *Panique dans un supermarché!*, qui consiste à sauver des otages aux mains de terroristes. Cibles mobiles qui jaillissent entre des rayons et des allées, tirs instantanés et mortels. Ça ne vous rappelle rien?

Bouhouche s'affilie au Front de la jeunesse, mais ce mouvement disparaît à la suite d'un crime raciste. Pour renaître, tel le phénix, autour de ses éléments les plus vindicatifs. C'est l'avènement du WNP, le Westland New Post, une milice privée (illégale) constituée d'une cinquantaine de membres répartis en cellules. Bouhouche s'y rallie et tente d'y intégrer Mendez et Robert B..

Pas des tendres, ces miliciens du WNP. Les voilà bientôt impliqués dans un double meurtre atroce (le célèbre épisode judiciaire belge de la rue de la Pastorale) avec cadavres défigurés, égorgés, etc.

Le 26 janvier, un mandat d'arrêt est établi au nom de Bouhouche dans le cadre de l'affaire *Juan Mendez*.

Le 27, il est arrêté: on aurait trouvé chez lui le pistolet du meurtre.

Quinze jours plus tard, sa Jeep (que les gendarmes avaient remarquée devant le domicile de Mendez) est découverte sur un parking d'hôpital, et se révèle être... un véhicule volé. Pis: l'exacte copie de la voiture d'un directeur de compagnie aérienne privée, Abelag.

On se planque et on attend. Et qui survient? Un ami de Bouhouche, l'expert ès explosifs inquiété en 1981 dans l'attentat contre l'adjudant-chef. Un ami qui a justement passé son brevet de pilote dans la compagnie

Abelag. Un ami qu'on a tenté vainement de prévenir de l'embuscade. Et qui ? Robert B., l'ancien inséparable de Bouhouche. Qui a donc toujours ses antennes à la gendarmerie. Chez qui on perquisitionne et trouve... des photos du Delhaize d'Alost.

Perquisition chez Mendez. Il y a un arsenal enterré dans le jardin de sa villa ! Armes à feu, explosifs, grenades. Et, dans son garage, les pièces d'une mitraillette allemande, le nec plus ultra du genre, une vingtaine d'exemplaires dans le monde, avec une cadence de tir et une précision infernales.

Or cette mitraillette a été volée cinq ans plus tôt.

Le 31 décembre 1981, la caserne de la brigade Diane, l'unité des supergendarmes belges, a été l'objet d'une opération d'une audace folle. Un commando d'individus parfaitement informés et formés, déguisés en gendarmes, est parvenu à déjouer tous les contrôles et à prélever un matériel très soigneusement sélectionné : quinze mitraillettes, cinq riot-guns, des munitions, etc. En usant, pour forcer certains dispositifs, de techniques apprises lors de... la formation reçue au cœur de *Diane*. Impossible à réussir sans complicités internes. Or Bouhouche connaissait parfaitement les armes et les lieux. Il entretenait même des relations amicales avec un armurier du groupe d'élite.

Pour la BSR de Wavre, qui a géré le dossier, nul doute que Bouhouche est impliqué. Et que les armes ont transité par Mendez. Pour se diriger sans doute vers le Honduras. Leur hypothèse : Mendez trempait dans un trafic ; s'il a été deux fois cambriolé puis liquidé, c'est que le collectionneur invétéré n'a pu résister à l'envie de conserver l'une des supermitraillettes. *Bien mal acquis...*

Suite des perquisitions chez Bouhouche. On trouve... des cagoules et des masques de carnaval, des documents à caractère nazi (des photos d'Hitler, notamment), une carte de la commune où Paul Latinus, le leader du WNP, s'est prétendument suicidé... après avoir clamé qu'il en savait beaucoup sur les Tueurs fous.

Puis c'est le nouveau propriétaire de la demeure des Bouhouche (revendue à la suite des difficultés financières essuyées par Madame) qui met à jour une trappe donnant sur une cache qui a échappé à tous les enquêteurs. Vide. A quoi était-elle donc destinée ?

Allons jeter un coup d'œil à la prison de Nivelles. Tiens, Bouhouche et Cocu (oui, le suspect de la filière boraine !) ne se quittent pas, ils ont vraiment l'air bons amis.

Un bond dans le temps. En septembre 1987, dans un parking universitaire, des policiers mettent la main sur une Volvo qu'on aurait volée à Bouhouche, l'obligeant à rester chez lui... au moment où Mendez était massacré. Curieux, c'est justement dans ce parking qu'a été retrouvée la voiture qui a participé à l'attaque contre... le major qui avait sanctionné Bouhouche et Robert B. La vie est donc un collier de perles nommées *hasards* ?

Recherches encore approfondies. Ah, un studio, dans le même coin, que notre insaisissable Bouhouche s'est amusé à louer sous un faux nom entre 1983 et 1985. Et une boîte postale, aussi, louée sous une fausse identité, encore. Et un box, avenue Louise (la plus *chicos* de Bruxelles), qui abrite une camionnette Toyota, munie de fausses plaques et appartenant à une société qui produit des cosmétiques... tels que ceux qui ont été retrouvés en forêt de Soignes, à proximité de la Santana incendiée par les Tueurs fous.

Par des locataires voisins de ce premier box, on apprend l'existence d'un second garage, près d'un campus universitaire... encore, où nous attend une Renault volée en 1985, avec de fausses plaques copiées sur celles d'un véhicule identique (!). Dans le coffre, surprise: les armes volées au groupe Diane! Euh, double surprise plutôt, car il y a... une partie de la collection *Mendez*.

Le souffle nous manque. Mais il faut continuer.

A proximité de l'université (décidément, nos malfrats auraient-ils des velléités estudiantines?), il y a un troisième véhicule ayant appartenu au facétieux Bouhouche. Une Ford Taunus. Volée, bien sûr, et repeinte. Mais arrêtons la plaisanterie car, après cette haletante remontée de l'écheveau, nous tombons à nouveau sur une affaire des plus sordides mais aussi des plus romanesques.

Retour en arrière. Quatre ans. Le 26 octobre 1982, un appareil se pose à Bruxelles en provenance de la Suisse. A son bord, dans des coffres blindés, un fabuleux trésor: près de 2 millions d'euros en bijoux et monnaie d'Afrique du Sud, pièces ou lingots d'or, montres Cartier ou diamants. Byzance.

Un agent de sécurité, un très jeune papa choisi pour sa mentalité irréprochable, doit assurer seul le transport vers le complexe Brucargo. Mais il n'arrivera pas à bon port. Une disparition qui ne sera jamais élucidée.

Seul témoignage: au moment où l'agent apparaissait

(pour s'évanouir à jamais), deux employés de la Sabena (compagnie d'aviation nationale belge) ont croisé une Ford Taunus avec quatre gendarmes armés de mitraillettes qui leur ont ordonné de circuler.

Or, vérifications faites, aucun service n'a envoyé de patrouille.

Or cette technique rappelle l'opération *Mission impossible* chez les supergendarmes de *Diane*.

Or la Ford Taunus que nous venons de retrouver près de l'université a été volée un an avant le vol du trésor.

Or la Jeep volée par le même Bouhouche au patron de la compagnie aérienne Abelag aurait constitué le véhicule idéal pour circuler impunément dans Brucargo.

De très solides présomptions, non? Qui ne s'avéreront pas suffisantes pour conserver Bouhouche en prison. Etonnant.

En janvier 1988, pourtant, lors du procès de la filière boraine, nous avons vu que le procureur du roi avait créé l'événement en annonçant avoir découvert chez Bouhouche une arme (dissimulée dans un bol de sauce bolonaise!) utilisée lors du braquage de l'armurerie Dekaise (fréquenté par notre ex-gendarme). A ses yeux, le lien était établi entre Bouhouche, Mendez et les tueries du Brabant wallon.

Pour se défendre, l'épouse de Bouhouche a prétendu que cette arme lui avait été remise par Robert B., l'inséparable compère.

Dans la foulée, le gendarme Christian A., l'autre camarade des années antidrogue, se retrouvait à son tour inquiété, arrêté... pour avoir préparé l'évasion de son ami Bouhouche.

Dans les semaines qui suivent, les enquêteurs vont de découverte stupéfiante en surprise saisissante.

Par exemple, Bouhouche voulait se débarrasser de l'expert en balistique qu'on retrouve aux quatre coins de notre dossier *Brabant wallon* et a fait recruter des tueurs à gages en Italie, qui devaient maquiller un faux suicide.

Il a été se présenter à la personnalité politique belge la plus populaire de l'après-guerre, l'ancien ministre de la Défense social-chrétien Paul Vanden Boeynants, pour lui proposer d'escamoter son encombrant dossier fiscal.

Idem avec Philippe Moureaux, autre pointure de l'Etat, socialiste cette fois et ancien ministre de la Justice, auquel il désirait vendre les dossiers politiques de la gendarmerie.

Hum. Attachez vos ceintures !

Deux ans avant l'émergence des Tueurs fous, Bouhouche a développé un projet... fou : semer la terreur dans... les supermarchés. La chaîne visée : les GB-Inno-BM, les concurrents des Delhaize. Les moyens prévus ? D'abord, faire exploser des conduites de gaz ou des installations électriques puis, plus simplement, abandonner des charges d'explosifs, cachées dans des boîtes de conserve, au cœur des rayons.

Le plan a été solidement mûri. On allait brouiller la communication radio des services de police et s'échapper via... les égouts de Bruxelles. Pour ce faire, un bateau pneumatique a été volé, un plan du réseau réservé, une brasserie désaffectée louée et un tunnel creusé.

Enfin, en octobre 1985, Bouhouche s'est échiné à découvrir les mesures de sécurité qui avaient été prises pour protéger les Delhaize contre les Tueurs fous. Et, pour y arriver, il a cherché du côté de la BSR de Mons, où travaillait un vieil ami.

Christian A.

Décidément. Ce Christian A., nous le retrouvons partout.

Il a travaillé à la cellule spéciale antidrogue avec Robert B. et Bouhouche (cette cellule dont des membres ont attenté à la vie de deux chefs de la gendarmerie, nous l'avons vu). Il a appartenu au fameux groupe Diane (qui a subi certaine opération commando qui n'aurait pu réussir sans des complicités internes). Il se retrouve à la BSR de Mons, là où certain Rüger aboutit mystérieusement dans les mains d'un MDLC de ses amis, celui-là même qui a fait surveiller le Borain Vittorio, mais n'a pas écouté son indic qui l'avertissait de l'attaque d'Hoedeng-Goegnies.

Cerise sur le gâteau, c'est encore Christian A.qui, placé aux premières loges du dispositif anti-Tueurs fous (et donc muni des maquettes et des plans ad hoc), détermine les emplacements des tireurs qui assureront la défense des supermarchés.

Christian A., mis sur la sellette pour ses accointances avec Bouhouche, doit répondre de plusieurs griefs. Il reconnaît que Bouhouche l'a sollicité pour le dispositif anti-Tueurs, mais jure ses grands dieux qu'il n'a rien dit. Bien sûr. A l'en croire, il n'aurait commencé à soupçonner son ami qu'entre les carnages de Braine/Overijse et Alost.

Ah? Pourtant, quand Christian A., en 1987, réussit à se glisser dans la cellule qui doit élucider les tueries du Brabant, il ne dit mot à quiconque de ses soupçons. Parce qu'il veut infiltrer l'organisation de Bouhouche, soutiendra-t-il. Crédible? Sans le soutien d'un supérieur?

Christian A., un tireur d'exception, l'un des meilleurs de l'escadron Diane.

Christian A., un géant passionné de body-building et... qui boîte légèrement.

Christian A., qu'un policier croit avoir reconnu parmi les acteurs du duel automobile qui a lancé le mythe.

Christian A., idéalement placé pour lancer l'enquête sur une fausse piste (le Rüger) ou pour la contrôler.

Christian A., que Francis Poelman, l'une des plus importantes personnalités de la justice belge, a dénoncé comme une taupe. Un Poelman qui voyait une affaire d'Etat derrière les tueries du Brabant wallon. A la suite de ses conversations approfondies avec les enquêteurs, il partageait leur impression d'avoir été sans cesse piégés, manipulés, surveillés. Un Poelman rejoint par Frans Reniers, un commissaire d'exception, qui a opté lui aussi pour la thèse d'une cellule idéologique qui tire les ficelles de l'intérieur même de l'enquête.

Jean Bultot

Il y a encore un homme que l'on aperçoit à plusieurs endroits de notre dossier : Jean Bultot.

Avant d'être entraîné dans un tourbillon, qui est-ce ? Le jeune sous-directeur de la prison de Saint-Gilles, à Bruxelles. Mais un sous-directeur un peu bizarre.

Fasciné par l'univers des caïds, il adopte une idéologie fasciste, la conviction d'appartenir à une race de seigneurs qui n'ont pas à rendre de comptes au peuple normalisé et médiocre. Comme Bouhouche ? Normal, ils versent tous deux dans l'extrême-droite. Et dans le *practical shooting*.

Membre du Parti des forces nouvelles qui veut évacuer les immigrés et ériger un Etat policier, il porte un badge PFN et une croix celtique. Il s'entraîne au riot-gun avec des gendarmes et des para-commandos, mais fréquente aussi les night-clubs et les truands notoires. Des soirées où il se fait remarquer comme un dragueur impénitent (et heureux) et un vantard incorrigible. De quoi s'attirer des sympathies ou des antipathies.

Il a rêvé de devenir directeur, mais ses troubles accointances le discréditent, un dossier monté contre lui par la Sûreté de l'Etat met un point final à ses ambitions administratives. Et lui inspire une haine mortelle contre cette institution discrète.

Un phénomène étrange. Très étrange. Ce Bultot va être dénoncé par les deux camps évoqués dans notre ouvrage.

Van Esbroeck, un lieutenant de Philippe De Staerke, l'a précipité au cœur du typhon. Il avait fait la connaissance de Bultot par un ami commun et l'avait sollicité pour accélérer la mise en liberté conditionnelle de son leader. Message reçu cinq sur cinq. Quelques semaines plus tard, le gitan se baladait dans la nature.

Plus tard, il semble que Van Esbroeck ait attiré Bultot dans une combine louche. Mais celle-ci a mal tourné. Le bras droit de De Staerke a-t-il eu de quoi se plaindre de son complice occasionnel ? En tous les cas, appréhendé, il a lâché son nom. Avant de lui attribuer un autre délit : une commande de cinq cents magnétoscopes, qu'il fallait voler et diriger vers un magasin vidéo… tenu par une maîtresse de Bultot.

Interpellé et aussitôt suspendu, le sous-directeur a joué les vierges effarouchées. Mais on a découvert ses ennuis d'argent (qui s'expliquent par ses sorties, la possession d'un yacht, etc.) et… un arsenal d'armes dissimulé dans son logement de fonction. Soit à l'intérieur d'une prison !

En 1988, il a été condamné à cinq ans pour les affaires susdites, ainsi qu'à trois ans supplémentaires pour un autre écart.

En janvier 1986, l'ex-gendarme Bouhouche, arrêté dans le cadre du meurtre de Juan Mendez, proteste de son innocence et jette son nom en pâture. Bultot, il est vrai, s'est envolé pour New York le lendemain du meurtre de l'homme de la FN. Pour aller demander de l'argent à une tante, dira-t-il. Ou pour déposer l'argent du contrat *Mendez*?

A son retour, Bultot, apeuré, déclare qu'il ne connaissait pas Mendez et qu'il n'a plus revu Bouhouche, une vieille connaissance, depuis son départ de la gendarmerie. Pourtant, tous trois devaient se croiser à des concours de *practical shooting*.

En fait, deux indices relient Bultot au dossier des Tueurs fous.

Au printemps de l'année 1985, il réalise une démonstration dans son club de tir en utilisant... des panneaux de kevlar, cette matière révolutionnaire qui faisait la force des gilets de Tamise. Des panneaux utilisés pour blinder l'intérieur des portières de la Golf abandonnée dans le bois de la Houssière.

Dans ce même bois, parmi les documents à demi calcinés (et relatifs au tir), des lignes... écrites par la main de la maîtresse et secrétaire de Bultot. Qui ne niera pas le résultat de l'analyse graphologique mais parlera... d'imitation. Crédible?

Il y a deux possibilités: Bultot est impliqué dans les tueries ou il a été mouillé par des proches. Mais quel machiavélisme dans ce cas. Et pourquoi?

Ajoutons qu'un témoin, en mai 1987, se présentera,

après avoir vu une photo de Bultot, et affirmera l'avoir aperçu très souvent autour des pompes du Colruyt de Nivelles les jours précédant le drame et même le jour J.

Mais Bultot ne fera plus de prison. Dès le 27 janvier 1986, il a fui au Paraguay, acheté un ranch (avec quel argent?) et élève du bétail. Quand la justice belge viendra pour l'interroger, il fuira à nouveau et deviendra cow-boy. Avant de replonger dans les combines louches et de se retrouver dans les geôles autochtones. Où nos enquêteurs pourront enfin chercher à en savoir plus.

La déception.

Rejetant toutes les accusations qui pèsent contre lui, Bultot prétend avoir ignoré l'arrestation de Bouhouche (il n'avait donc pas peur qu'il parle) et justifie sa fuite par le fait qu'on avait tiré sur lui et qu'il se sentait surveillé, soupçonné. Il n'a pourtant jamais porté plainte. Et pourquoi redouter une enquête si on n'a rien à se reprocher?

Côté révélations, Bultot, qui s'était vanté dans son courrier avec des proches ou dans des interviews d'en savoir long sur les Tueurs fous, lâche peu de lest. Surtout ceci. Il y aurait eu trois bandes: des amateurs (pour les premiers braquages, qui ont tué par peur et préféré en rester là), des terroristes commandités par Kadhafi (pour déstabiliser la Belgique) et d'autres chargés de régler quelques ardoises... pour la Sûreté de l'Etat.

Crédible? Non, pas tellement, car on connaît l'aversion obsessionnelle de Bultot pour les Arabes et la Sûreté. Et puis notre exilé ressort le serpent de mer de la justice belge, le dossier Pinon, dont nous reparlerons à la fin de notre deuxième dossier (voir *Les ballets roses*), et cet essai de connexion Brabant wallon/Pinon démontre une fois pour toutes sa mythomanie pathologique. Alors… Du vent !

Pour en terminer avec les indices conduisant à l'extrême-droite, signalons une dernière découverte.

En 1981, soit l'année qui précède l'intrusion des Tueurs fous dans l'Histoire, des membres du Front de la jeunesse ont été verbalisés dans le bois de la Houssière, près d'une sablière.

En balade romantique ? Pas exactement, car le coffre de leur voiture était chargé de munitions. Et ces braves jeunes gens allaient rejoindre leurs comparses pour un entraînement de tir… à quelques dizaines de mètres à peine de l'endroit où l'on retrouverait un jour la Golf d'Alost et les notes calcinées.

Un Front auquel a appartenu Bultot.

Alors ? Trop évident ? Une implication fabriquée, comme le Rüger ?

Cette explication me paraît cette fois tirée par les cheveux.

Mais si Bultot est impliqué, a-t-il participé activement aux tueries ? Et pourquoi ses complices l'ont-ils lâché ?

Ses complices ? Mais lesquels ? Le gang De Staerke ? Ou Bouhouche et ses amis ? Les deux organisations réunies ? Mais comment ? Par une synergie d'intérêts ? Par un cerveau extérieur ?

Est-il possible d'imaginer une trame qui unirait les Borains et les gitans Becker, les De Staerke et les Bouhouche/ Robert B./ Christian A./etc., voire Willy P. et ses trafics ?

A moins qu'il n'ait, au contraire, existé une rivalité souterraine (évoquée par un truand) entre le gang De

Staerke et les fanatiques amis de Bultot qui auraient cherché à se compromettre les uns les autres.

L'affaire, décidément, n'a pas livré tous ses secrets, et demeure hallucinante.

Conclusions

Une commission parlementaire, créée en mai 1988, a tenté de comprendre les raisons des trop nombreuses errances de l'enquête. Cent quatre-vingt-sept jours d'audience. Cent dix-huit témoins entendus. Mais elle n'a pu démêler l'extraordinaire écheveau, cette terrifiante tête de Méduse qui a pétrifié la société belge, sa justice et ses services de police.

Une deuxième commission s'y est attelée en 1996. Nouvel échec.

Banditisme, terrorisme?

Avec le recul, on peut seulement observer que nos forces de l'ordre (et surtout la gendarmerie) sont sorties de l'aventure renforcées en matériel humain et technique. Pas suffisamment, pourtant, pour éviter le marasme du dossier Dutroux (voir la suite de cet ouvrage).

L'ex-gendarme Madani Bouhouche, impliqué dans mille et une affaires, a été remis en liberté en novembre 1988 parce que les expertises balistiques se révélaient (à nouveau!) contradictoires. Et il a pu se réfugier dans le Sud de la France.

Extradé pour le meurtre d'un diamantaire libanais, commis en septembre 1989 (avec son inséparable Robert B.), il a été libéré en mai 1992. Puis condamné en 1995 à vingt ans de prison, pour la disparition du convoyeur du trésor de l'aéroport et l'assassinat du diamantaire. Vingt ans qu'il n'a pas *prestés*, ayant été remis en liberté conditionnelle en septembre 2000... à cause des délais dépassés et de ses soixante-six mois de préventive.

En novembre 2005, notre suspect, qui avait échappé (miraculeusement) à tant de charges, n'a pu éviter le rendez-vous fixé par le destin (et la justice?). Vivant seul, à l'écart de tout et de tous, il subsistait sur une petite propriété des Pyrénées et se chauffait au bois. C'est en abattant un arbre qu'il aurait commis une maladresse et se serait trouvé à demi écrasé, ne pouvant se dégager. Une agonie atroce.

Ses vieux amis de l'antidrogue Christian A. ou ? En liberté. Aucune charge.

Quant à Philippe De Staerke, le seul inculpé du dossier, il est demeuré sous les verrous pendant des années pour la préparation de l'attaque d'Alost. Mais il a fini par revenir sur ses aveux et a obtenu une ordonnance de non-lieu en mai 2001.

Mais l'enquête continue, plus de vingt ans plus tard. Dix-sept enquêteurs à temps plein. Qui savent que le délai de prescription (porté de vingt à trente ans par le législateur vu la gravité des crimes de sang en question) s'achèvera en 2015.

Avant de nous quitter, et bien qu'il nous paraisse impossible, dans le cadre de cet ouvrage, d'aborder toutes les pistes et leurs mille et une ramifications, je voudrais signaler que des enquêteurs ont procédé à contre-courant, se préoccupant de l'identité de certaines victimes. Il en est sorti beaucoup de théories farfelues, qui voudraient nous faire croire que les agressions étaient des écrans de fumée recouvrant des meurtres ciblés.

De ces investigations, je ne retiens qu'un cas, celui de Léon F., un ancien directeur de banque au nombre des victimes du carnage d'Overijse. Passionné d'armes à feu, il recherchait la compagnie des membres des forces de l'ordre. Or, selon plusieurs témoignages, le *géant*, après l'avoir abattu, se serait agenouillé à ses côtés, l'aurait retourné, dévisagé et... achevé d'une balle dans la nuque. Parce que Léon F. avait reconnu un de ses amis *flics* ?

Une ultime révélation, issue d'un témoignage tardif. Pour introduire une note morale positive.

Après le carnage d'Alost, en pleine nuit, des jeunes gens ont aperçu une Golf à l'arrêt dans une allée du bois de la Houssière.

Or deux hommes, selon leur témoignage, se tenaient debout devant ce qui paraissait un corps allongé.

Un cadavre? L'un des Tueurs fous abattu par les rafales échangées avec la police d'Alost ?

On a cherché si un corps n'avait pas été enterré à proximité, mais sans succès. Ce qui ne veut rien dire, car les bois sont vastes et l'homme pourrait aussi avoir été emmené ailleurs.

Comme cette nuit a vu l'abandon de l'arsenal des Tueurs ou la fuite à l'étranger de certains suspects, et surtout l'épilogue de l'épopée sanguinaire, plusieurs enquêteurs sont convaincus que le chef (le cerveau ?) des Tueurs fous du Brabant wallon était cette carcasse inanimée qui plongeait ses complices dans l'hébétude.

Un leader que deux *profileurs* français ont défini

comme un psychopathe n'agissant que pour le plaisir de tuer, entouré de marginaux attirés par l'appât du gain.

P.-S.

Nous avions terminé notre ouvrage depuis quelques mois quand les journaux belges, le 8 septembre 2006, rapportèrent une information troublante. Selon ceux-ci, la Belgique venait d'échapper à une vague d'attentats terroristes (NdA: ce qui tendrait à prouver que le terreau qui a permis l'émergence des Tueurs fous ne relève pas du fantasme).

Une nouvelle spectaculaire, dont l'avenir démontrera la pertinence.

Les faits?

Au départ, un mouvement d'extrême-droite d'origine britannique, *Blood and Honour* (*Sang et Honneur*). Dont une dissidence flamande, *Bloed-Bodem-Eer-Trouw* (*Sang-Terre-Honneur-Fidélité*), nourrit en son sein un certain B.T., un militaire, qui veut aller plus loin et s'en va donc de son côté fonder un groupuscule clandestin, qui prônera la xénophobie et le négationnisme, l'antisémitisme.

Pour s'étoffer, on recrute. En commençant par les casernes. Pour se donner de l'envergure, on tente de nouer des contacts internationaux (notamment en Hollande). Puis on songe à s'entraîner: exercices paramilitaires, tir, week-ends de survie. Ensuite…

A en croire la PJ fédérale et le parquet, alertés dès 2004, B.T. songeait à mettre en pratique tous les acquis de ses affiliés et à organiser des attentats pour saper les fondations du pays.

En tous les cas, des perquisitions, menées le 7 septembre 2006 par cent cinquante policiers dans des casernes et chez des privés, ont permis de saisir une documentation de propagande mais surtout des armes à feu, des explosifs, des détonateurs, des gilets pare-balles, des masques à gaz, etc. Dans la foulée, dix-sept personnes ont été interpellées, dont onze militaires.

Alors, terroristes redoutables ou adolescents attardés, comme le proclamait aussitôt l'avocat de deux des suspects ?

A suivre…

Deuxième partie

Anges et démons

Prologue

Loubna

Le 5 août 1992, à Ixelles, l'une des communes de l'agglomération de Bruxelles, la capitale de la Belgique et même de l'Europe, une petite fille demande pour aller acheter du yaourt pour son frère.

Elle n'est jamais encore sortie seule de chez elle, mais elle a neuf ans à présent. Son père se laisse fléchir.

Loubna quitte son domicile, heureuse de franchir un palier, de devenir une *grande*.

Malheureusement, la petite Marocaine ne reviendra jamais. Disparue sans laisser de traces.

Et c'est toute une famille qui plonge dans l'incompréhension et l'affliction. Pas la première ni la dernière.

Avec le recul, l'on saisira comme l'envol de Loubna ouvrait le chapitre le plus horrible du roman de l'Histoire belge. Mais, à ce moment, il ne s'agissait encore que d'une immigrée, une étrangère, que d'aucuns soupçonnaient d'être la victime de pratiques rituelles propres à sa nation. Un mariage obligé, par exemple.

Pauvre Loubna. Tu allais atteindre un jour le firmament de la célébrité et de la compassion, devenir un symbole, participer à quelque chose de fort et d'unique. Mais tout cela t'importe-t-il, là où tu es ?

Petite étoile venue du Maghreb, y a-t-il (et nous l'espérons tant) un endroit, quelque part dans le ciel ou dans un autre monde, où tu croises tous ces anges qu'on nous a arrachés? Jouez-vous toutes ensembles, heureuses, si heureuses, de vous être trouvées?

Chapitre I

Julie et Mélissa

Le pont de Crotteux

Le samedi 24 juin 1995, vers 17 h, Julie et Mélissa (8 ans), deux amies, s'éloignent de la maison des Russo, à Crotteux, dans la région de Liège, à proximité des frontières hollandaise et allemande, pour aller s'amuser sur le pont qui surplombe l'E-42, l'autoroute qui relie l'Est et l'Ouest francophones du pays.

Accoudées à la balustrade, elles se penchent vers les voitures qui défilent en contrebas, font des signes aux automobilistes.

Un plaisir de leur âge. Qu'on a tous un jour partagé. Depuis un quai, un navire, un train.

Après 19 h, Carine Russo remarque que les deux fillettes ne sont pas rentrées et s'inquiète. Elle observe la rue, s'y engage, la remonte. Aucune d'elles en vue.

Relativité du temps, frôlement d'univers qui, déjà, n'ont plus rien à voir. Des voisins qui tondent leurs pelouses, une atmosphère estivale. Mais la femme a accéléré, tout son corps s'est crispé, et les hommes qu'elle croise et qui la connaissent bien entrevoient son malaise et son angoisse. Sans doute l'un d'eux soupire-t-il en jugeant que ces femmes, décidément, s'en font pour un rien. Sans doute l'un ou l'autre la suit-il un moment du regard, plus attentif à sa beauté qu'à ses soucis. Qui les en blâmerait alors que les grandes vacances se profilent et qu'il fait beau et tranquille? Qui pourrait alors deviner... ?

L'enquête, 1

Les parents Russo et Lejeune ont alerté la gendarmerie de Grâce-Hollogne, l'entité qui englobe Crotteux depuis la fusion des communes belges des années 1970.

A 21 h, le commandant de la brigade est prévenu et ne laisse pas traîner les choses. A 21 h 10, le parquet de Liège est au courant. A 21 h 30, un chien pisteur est déjà entré en action. Arrivé sur le pont, il s'engage dans les taillis comme s'il poursuivait une piste, trouve un passage, descend le talus et rejoint la bande d'arrêt de la E-42. Là, plus rien.

A 22 h 30, la BSR de Seraing, la plus proche, est alertée à son tour.

Preuve que les parents sont pris au sérieux, un hélicoptère survole les environs, équipé d'une caméra à infrarouge.

Aucun résultat. Le désespoir s'abat, comme un rideau plombé. Il faut se faire à l'évidence: Julie Lejeune et Mélissa Russo ont disparu.

Peu après minuit, un signalement national est effectué par le BCR de Bruxelles. Première étape avant la transmission au SGAP et à Interpol.

Avant de s'éloigner, un policier confie aux malheureux parents une carte de visite de l'association *Marc et Corinne*, la seule organisation belge francophone à s'occuper activement des personnes disparues.

Les parents, 1

Carine et Gino Russo. Une femme au foyer et un ouvrier, fils de mineur sicilien immigré, qui fabrique des tôles pour Fiat.

Louisa et Jean-Denis Lejeune. Une infirmière et un peintre, qui travaille dans un garage Opel.

Solidarité, 1

Autour de la fermette des Russo, les amis, les voisins ont accouru. Voitures garées à la diable, chaises de camping dépliées. L'une propose de faire un café, un autre de coller des affiches.

Un membre de l'association *Marc et Corinne* explique aux parents comment réagir. Il faut apprendre à gérer l'attente sans négliger les frères et sœurs. Recueillir toute information et donc installer un répondeur automatique. Se préparer à l'idée, aussi, qu'il y aura des nouvelles erronées, des farces macabres. Et de fait, bientôt, des rumeurs rapporteront qu'on a vu les fillettes à Rome ou à Milan, sur la Costa Brava ou à Lille, etc.

Le bénévole ne pérore pas. Il sait de quoi il parle. Voilà des mois qu'il est sans nouvelles de son propre fils. Il demande des photos récentes des petites, tandis que la marraine de Mélissa dactylographie leur signalement.

Julie et Mélissa mesurent toutes deux environ 1 m 30.

Mélissa a les yeux bruns, une peau mate et une longue chevelure brune qu'elle porte tressée. Elle est vêtue d'un pantalon et d'un T-shirt manches longues.

Julie a des cheveux mi-longs, de couleur marron, porte un T-shirt à col rond et un bermuda à pois blancs.

Demain, grâce à eux, grâce aux condisciples qui vont

coller, grâce aux imprimeurs ou aux photocopieurs qui offriront bénévolement leurs services, 25 000 affiches fleuriront d'un bout à l'autre du pays. Personne, désormais, n'ignorera le visage souriant, lumineux des deux anges.

Et partout, dans les journaux, à la télévision, ces parents qui clameront leur amour, qui appelleront à la compassion, à la libération, à la rédemption.

Seront-ils entendus ? Par les fillettes, le ou les ravisseur(s) ?

Un phénomène inquiétant

A vrai dire, parmi les *spécialistes*, on ne se fait déjà plus d'illusions. Quand un prédateur répond à une pulsion, il fond sur sa proie, la viole et dissimule le cadavre. Et qui, parmi les parents, parmi les citoyens, a conscience de l'ampleur du phénomène ? On a cru ce phénomène limité aux Etats-Unis, à cause des espaces immenses et des interminables routes au milieu des déserts, à cause des juridictions diverses et des banlieues glauques.

Non, les *serial killers* sont parmi nous, partout, nombreux, si nombreux. Mais on l'ignore. Ou presque.

Ainsi, en Wallonie, qui a entendu parler ou se souvient encore des Flamandes Maddy Hollander ou Wendy Willems ? D'Inès Van Muylder ou d'Inge Breughelmans, enlevées et violées par un Hollandais frontalier à la fin de 1991, abattues à coups de bêche après avoir vu le meurtrier préparer leurs sépultures ?

Et les disparitions de Nathalie Gijsbregts, de Ken Heyrman ou d'Ilse Stockmans ? Les cadavres de Katrien De Cuyper et de Kim, la sœur de Ken ?

Et qu'est-il advenu du Turc Gevriye Cavas ou de la Marocaine Loubna Benaïssa ?

Les anges belges sont en danger. Mais qui le dit assez haut ?

La juge Doutrèwe

Le lundi 26 juin, quand elle découvre le dossier, la juge d'instruction liégeoise Martine Doutrèwe sort d'un week-end de garde et n'est pas dans la meilleure des formes. Il faut dire qu'à la fatigue des *devoirs* supplémentaires s'ajoute cette satanée maladie avec laquelle on n'apprend jamais à vivre.

Il y a quelques mois, en effet, Doutrèwe a appris qu'elle avait un cancer. Début janvier, on a même procédé à l'ablation d'une tumeur maligne du sein. Un traumatisme terrible pour une femme. Comment oublier cette atteinte à sa féminité, à son intégrité alors que des séances de chimiothérapie… ?

Si c'était tout. Mais non. Doutrèwe a dû affronter les ennuis de son mari, un avocat englué dans une sombre affaire de fraude autour d'un groupe immobilier.

Elle est à bout. Avant même que l'affaire *Julie et Mélissa* ne prenne son envol. Alors, elle informe ses collègues et… part en vacances. Quatre semaines en Italie, en Toscane, avec époux et enfants.

La Toscane. Là où les Russo avaient loué un bungalow, prévu de passer leurs vacances. Eux, bien sûr, ils ne partent plus.

La cellule d'enquête

Le 5 juillet, le juge d'instruction qui a repris le dossier organise une cellule *Julie et Mélissa*, composée de douze gendarmes et de quatre agents de la PJ de Liège. A sa tête, le commissaire Daniel Lamoque, un policier, que l'on dit dévoué et consciencieux. Mais qui croule sous les dossiers et se trouve devant la difficulté de faire collaborer deux institutions. Car, derrière son dos, *ses* gendarmes font d'abord rapport à leur hiérarchie. De là à suspecter qu'ils ne lui disent pas tout...

De leur côté, les gendarmes, plus nombreux, collectent plus d'informations et enragent de devoir travailler pour *le corps adverse*. Ou soupçonnent Lamoque de leur cacher des choses, d'être trop proche de la juge Doutrèwe.

Par ailleurs, entre les gendarmes eux-mêmes, la situation n'est ni très claire ni très saine. L'adjudant-chef Gilot de la brigade de Grâce-Hollogne, le plus haut gradé, devrait être le leader mais l'adjudant Lesage, de la BSR de Seraing, à la personnalité plus affirmée, s'est emparé des rênes.

Bévues et boulettes, 1

Les semaines passent et les parents déchantent.

Imaginons ce qu'ils ressentent quand ils constatent que le dossier de leurs filles passe d'un juge d'instruction de garde à un autre. Cinq en quelques semaines, pour pallier l'absence de la titulaire ! Comme si le sort des fillettes n'empêchait personne de dormir ou de vaquer à ses occupations, ses hobbies ou ses vacances.

Le 31 juillet, voilà Mme Doutrèwe de retour de ses

quatre semaines de farniente. Reposée? Non, la maladie ne lui laisse aucun répit. Et pourtant, il lui en faudrait de l'énergie pour affronter la documentation qui s'est accumulée. Procès-verbaux, apostilles, mandats de perquisition, etc.

Elle observe que la cellule *Julie et Mélissa* s'est intéressée au passé des parents. Côté Russo, il a même été question de liens avec... la mafia sicilienne. Une piste? La juge y prête suite puis laisse tomber. Des rumeurs malveillantes.

Entre-temps, la confiance des parents s'est étiolée. L'inertie et la désorganisation les traumatisaient, mais se voir suspecter... Eux!

Plus grave. Un expert anglais a révélé la nécessité, dans ce type d'affaires, de procéder rapidement à des reconstitutions diffusées à la télé. Elles réveillent des souvenirs, font réagir et apportent un lot d'informations intéressantes. La BBC, consciente de ses devoirs citoyens, s'y prête régulièrement. Mais ici, rien! Et les parents se trouvent contraints d'organiser eux-mêmes ladite reconstitution, avec des condisciples de Julie et Mélissa. Les chaînes belges? Muettes.

Et que dire de l'enquête de voisinage, qui a démarré... le 7 juillet?

Témoignages, 1

Quelqu'un affirme avoir vu Julie à Bruxelles. Pour d'autres, Mélissa serait passée par Uccle, la commune la plus verte de la capitale. Mais on rapporte aussi que les filles se seraient trouvées à la frontière franco-luxembourgeoise.

Plus sérieux? Un automobiliste prétend avoir aperçu

une voiture à l'arrêt sur l'autoroute, dont le conducteur tenait une fillette dans les bras tandis qu'une autre dormait sur le dos à ses côtés.

Une vieille dame, qui lisait une revue féminine près de sa fenêtre, a vu deux fillettes monter tranquillement dans une voiture bleue, genre Peugeot 205. S'agissait-il de Julie et de Mélissa ? Connaissaient-elles les passagers, un jeune homme, au volant, et un type plus âgé ?

Ce dernier témoignage est tardif, parce que la personne, trop âgée, n'a pas songé à se présenter spontanément, que sa fille n'a pas jugé bon de l'y pousser et... qu'aucun enquêteur n'était venu la solliciter.

Pour rattraper le temps perdu, on passe au crible les garages de la province et on étudie les plaques minéralogiques correspondant au type de voiture incriminé. Il y en a 2000 !

Doutrèwe, dépassée par la somme d'informations, circonscrit ses recherches à la région liégeoise. Raisonnement singulier dans un pays réduit dont on dit qu'il a le plus intense circuit autoroutier d'Europe, où les Flamands du Nord se précipitent au moindre week-end ensoleillé vers les forêts méridionales tandis que leurs compatriotes du Sud, les Wallons, effectuent le trajet inverse, vers le littoral septentrional.

Solidarité, 2

Au milieu du marasme, les efforts de citoyens anonymes.

Ainsi, les pères Russo et Lejeune, trop éprouvés mais aussi accaparés par leur combat pour les fillettes, ne se rendent plus à leurs boulots respectifs. Or non seulement les collègues de Gino Russo participent aux recherches, mais ils économisent aussi une portion de leur salaire pour alimenter un fond de soutien.

Les parents, 2

Alors qu'une battue est organisée dans une décharge, les Russo et Lejeune s'abstiennent de toute participation. C'est qu'ils sont écœurés, car tout est fait en dépit du bon sens. Cette opération n'aurait-elle pas dû se dérouler quatre semaines plus tôt ?

Quand le ministre de la Justice leur rend visite, ils lui rappellent que d'autres moyens avaient été mis en œuvre en 1992 lors de l'enlèvement d'Anthony De Clerck, le rejeton d'une famille de VIP flamands. *Justice de classe*, vitupère Jean-Denis Lejeune.

Le ministre semble avoir entendu plusieurs de leurs griefs. Quelques jours plus tard, il envisage la création d'une Cellule Nationale des Disparitions.

Fin août, la reine Paola écrit aux parents et leur apporte son soutien. Un peu de baume sur le cœur ?

Le fax de Charleroi

Revenons en arrière.

Le 7 juillet, soit QUATORZE JOURS APRÈS L'ENLÈVEMENT, un 1MDL de la brigade de gendarmerie de Charleroi (province du Hainaut, à l'ouest du pays, près de la frontière française) envoie un fax à Gilot, à Grâce-Hollogne, mais aussi à Lesage, à Seraing. Un document capital, dont on parlera abondamment plus tard.

Examinons-le avec attention. Car il aurait pu, il

aurait dû changer toute l'affaire. Et les gendarmes de Charleroi auraient été des héros.

Que dit-il ?

D'abord, il transmet les informations recueillies par le MDL Christophe Pettens auprès d'un indicateur chargé d'en savoir plus sur les activités d'un certain Marc Dutroux. Or, dès octobre 1993, ce dernier aurait effectué des travaux d'excavation dans les sous-sols d'une maison... AFIN D'Y LOGER DES ENFANTS AVANT DE LES ENVOYER A L'ÉTRANGER. Dutroux soupçonné de vol et de recel, on a perquisitionné et observé... lesdits travaux, que le suspect a mis sur le compte d'une simple remise en ordre.

Ensuite, le fax signale que ce Dutroux a déjà accompli un séjour en prison motivé par... DES VIOLS COMMIS SUR DES ENFANTS QU'IL ENLEVAIT AVEC SON ÉPOUSE.

Donc, Dutroux est un suspect idéal. Et on le dit : *Nous transmettons [...] dans le cadre de la disparition des deux enfants sur laquelle vous enquêtez.*

Que font les cellules de Grâce-Hollogne ou Seraing ?

Dans un premier temps... rien. Puis, dix (!) jours plus tard, Lesage transmet le fax de Charleroi au BCR de Bruxelles et lui demande tous les renseignements possibles sur... Dutroux. Huit (!) jours plus tard, une réponse, enfin. De la documentation sur un Dutroux *bien connu pour des faits de viol* (photos, liste des voitures du suspect). Trois (!) jours plus tard, Lesage envoie un fax à la BSR de Charleroi. Un fax qu'il ne communiquera pas à la juge Doutrèwe. Et qu'y demande-t-il ? Des informations sur les véhicules de Dutroux ou sur une éventuelle filière d'enfants, sur ses caves ou ses viols.

Donc, récapitulons. Dès juillet 1995, les brigades de Charleroi et de Liège, comme le BCR de Bruxelles sont parfaitement au courant de l'existence de Dutroux, de sa dangerosité et de ses précédents, de ses aménagements.

L'indicateur de Pettens

Claude Thirault est un ancien militaire que sa carrière a amené à vivre bien des aventures en Afrique. Revenu à la vie civile, il déambule dans un milieu interlope, louant une maison de Dutroux et recourant, pour vivre, à certains expédients. Ainsi a-t-il dû donner un coup de main à son propriétaire, quand ce dernier a volé des chevrons sur un chantier de construction. Pincé par les forces de l'ordre, l'ancien indicateur a dû reprendre du service.

Quel genre d'homme est ce Thirault? Un dur, mais qui dit éprouver une répulsion absolue pour les pédophiles. Et pour cause: il a perdu une nièce, assassinée par un violeur d'enfants, et son propre fils a été abusé par son beau-frère. Son témoignage a donc de bonnes chances d'être sincère et serait à prendre très au sérieux.

Mais qui est ce Marc Dutroux qu'il incrimine?

Non, Julie et Mélissa ne sont pas mortes. Mais elles ont quitté la vie, leur vie pour une sorte de no man's land où elles cherchent des repères.

Il est loin le temps sans durée, infini de l'enfance. Cette enfance de conte de fées entre des parents et des familles où régnaient l'amour, l'amitié. Il est loin le coin de paradis où elles déambulaient comme chez elles depuis toujours, ces rues, ces pelouses, ce pont qu'elles connaissaient par cœur.

Où sont-elles donc ?

Dans une ancienne citerne. Un trou de 1 m 64 de hauteur, 2 m 34 de longueur, 99 cm de largeur.

Une odeur de renfermé, un sol humide, une ampoule de 25 watts qui n'est pas toujours allumée.

Elles bavardent, elles pleurent, elles se blottissent. Et elles attendent.

Elles L'attendent, LUI, L'HOMME INCONNU, LE MOUSTACHU. Elles attendent qu'IL allume, ouvre la trappe et leur permette de sortir pour s'aérer, se dégourdir les jambes. Gagner cette chambre à coucher décorée d'une affiche avec des dinosaures, pouvoir regarder la télé ou jouer avec la console de jeux.

Leur journée commencera quand celle des autres, des gens normaux, s'achève, car, ICI, on vit à l'envers.

Ah ! Le bruit de SES chaussures raclant le sol, la lumière, la trappe qui coulisse.

LE voilà !

Chapitre II

Marc Dutroux

Un citoyen *en dessous* de tout soupçon, 1

L'homme que l'indic a dénoncé est domicilié à Marcinelle, au sud-ouest de Charleroi, à quelque 92 km du Crotteux des Russo et Lejeune.

Mais il possède plusieurs propriétés. Et plusieurs activités, toutes nébuleuses, toutes relatives au commerce (illicite) de voitures.

Marc Dutroux. Né en 1956. Un premier mariage qui s'est achevé par un fiasco, tant et si bien qu'il n'a plus jamais revu ses premiers enfants. Un second mariage, avec la dénommée Michelle Martin, qui lui a donné deux garçons, Frédéric (12 ans) et Andy (3 ans).

Un drôle de coco. Qui inquiète les voisins par sa vie décalée. Ne disparaît-il pas en pleine nuit pour revenir à l'aube ? Que fait-il ?

On le suspecte de cambriolages. Son avarice est proverbiale.

Et puis il y a sa relation avec Michelle, *Minou*. Quand ils sortent ensemble, elle porte une jupe à fleurs trop étroite, des soutiens-gorge trop ajustés, une petite couette sur le côté. Comme si Dutroux cherchait à la rajeunir outrageusement.

Alors on les observe, de loin, avec circonspection, s'en aller sur une moto vrombissante.

Des enfants attardés. Des enfants ? Les leurs, enfermés

au premier étage, n'en finissent pas de les appeler, de hurler. Et sa Michelle, Marc n'hésite pas à la cogner. Et on dirait qu'elle aime ça. Un jeu de rôle ?

Plusieurs fois, ils ont frôlé l'accident. Plusieurs fois, ils sont tombés. Car Dutroux s'endort au volant. Et comment en serait-il autrement quand il absorbe quotidiennement un cocktail qui mêle Coca-Cola et vitamines avec des somnifères, des bonbons et un sirop antitussifs, ou des antidépresseurs ?

Parfois, ce Dutroux se dit fatigué et ne supporte plus, d'un coup, la présence des siens. Et il leur faut alors gagner leur seconde résidence, la fermette de Sars-la-Buissières. Un coin tranquille, à la frontière franco-belge. Un petit nid décoré avec... le mobilier dérobé à une voisine.

Il y a ses amis, aussi. Enfin, amis... On voudrait dire *comparses*, *complices*, car ils n'ont pas bonne mine, bonne presse.

La *clique* de Dutroux

Dutroux éprouve un besoin maladif de domination et s'entoure de gens qui dépendront de lui. Des marginaux auxquels il loue ses propriétés. Presque toutes à proximité de Charleroi, presque tous à portée de main.

Thirault, l'indic dont nous avons parlé, est l'un de ses locataires et, à ce titre, sans doute Dutroux le considère-t-il comme un vassal auquel il peut demander de menus services. En espérant davantage, à l'occasion ?

Michel Lelièvre s'est installé à Marchienne. Il s'agit d'un jeune (né en 1971) toxicomane, adopté et abusé dans son enfance, un ancien pompiste déjà incarcéré pour cambriolage. Fragile, à la dérive. Le second idéal. D'autant qu'il a des relations, grâce à ses activités de dealer, il fréquente du *beau linge*, notamment à Bruxelles.

Michaël Diakostavrianos, un autre *adopté*, loue la demeure occupée jadis par la grand-mère de Dutroux, à Jemeppe, et y vit avec sa compagne tchèque. Un comparse intéressant pour notre magouilleur ès voitures, car il a monté un commerce de pneus et traite avec l'Est. C'est ainsi qu'il a fait découvrir la Tchéquie et la Slovaquie à Dutroux, des pays de Cocagne pour des gens comme eux. Car il n'y a pas que les voitures. Les filles, en mal d'argent, sont prêtes à tout pour pas grand-chose.

Seul Bernard Weinstein, le *Petit Breton*, a acquis sa propre demeure. C'est le meilleur ami de Dutroux, sans doute parce qu'il a récupéré l'outillage perfectionné de l'ancien propriétaire, un garagiste. Encore une enfance brisée. Le père meurt alors qu'il est bébé et il sombre dans la délinquance, s'en prenant à des filles, qu'il ne viole qu'à moitié... vu son impuissance. Monté à Paris, il y prend quinze ans, veut se refaire un profil au-delà des frontières et s'installe à Bruxelles. Mais il est incapable de tenir un boulot, un appartement. L'abandon total. Le désordre, la crasse. Alors, adieu la capitale et bonjour *le pays noir* de Charleroi et ses taudis. A Jumet, au milieu d'un cimetière de carcasses de voitures, il a trouvé décor à sa mesure. Il invite même sa mère à venir le rejoindre, mais elle ne tiendra pas le coup. Les voisins ne rapportent-ils pas que son chalet sordide est infesté de poulets ? Ou qu'il pratique de curieux rituels à la nuit tombée ?

La jeunesse de Dutroux

Comme de nombreux compatriotes, les parents Dutroux ont vécu en Afrique, où Marc, confié à des *mamas*, tombait souvent malade.

De retour en Belgique, Marc ne s'est guère signalé. Elève obéissant et poli, il n'aimait pas les cours, mais son intelligence lui permettait de passer d'une classe à l'autre sans forcer.

Ses parents étaient instituteurs dans une école communale. Un milieu favorable ? Pas selon les confidences ultérieures de leur rejeton. Le père n'était-il pas du genre à vous envoyer arracher des mauvaises herbes à l'instant précis où débutait votre feuilleton préféré ? Et la mère aurait eu la main fort leste.

Quoi qu'il en soit, après une bêtise, ses géniteurs ont transféré Marc dans l'école où ils enseignaient. Mauvaise idée, car le comportement paternel, sur le lieu de travail, laissait à désirer. D'ailleurs, Victor Dutroux perdit sa place pour... avoir précipité son directeur à travers une armoire vitrée.

A son entrée en humanités, le gamin, qui avait été à bonne école (!), n'en faisait plus qu'à sa guise. Renvois, transferts. Pour finir dans un Institut des Arts et Métiers. A seize ans, Marc y suivait des cours d'électricien quand il se fit renvoyer pour un... trafic de photos pornographiques.

Un citoyen *en dessous* de tout soupçon, 2

Marc Dutroux possède déjà un casier judiciaire.

En 1989, il a été condamné à treize ans et six mois de prison pour... RAPT ET VIOL DE CINQ MINEURES.

Sans compter l'agression d'une dame âgée qu'il ne s'est pas contenté de cambrioler: il l'a ligotée sur un siège et lui a travaillé le sexe avec... un couteau.

Après avoir effectué la moitié de sa peine, il a demandé sa grâce et l'a obtenue.

En 1993, plusieurs dossiers ont été ouverts à son encontre, concernant des vols.

Minou

Fille unique d'un employé des postes qui a perdu la vie en la conduisant à l'école, Michelle Martin a survécu à l'accident de voiture, mais est demeurée traumatisée. Un sentiment de culpabilité? Qui génère le besoin d'un père de substitution, un mari qui a tout pouvoir sur elle et la punit?

Marc et elle se sont connus sur la patinoire de Forest, à Bruxelles, à l'aube des années 1980. Elle était institutrice mais très timide, renfermée, vierge encore. Le patineur émérite l'a subjuguée. Avant de la dépuceler sur le coffre d'une voiture. Pour lui, elle a abandonné sa mère, qui la maintenait dans un carcan étouffant, et ses habitudes de jeune femme modèle.

Prête à tout pour *son homme*, Minou l'a suivi quand il l'a entraînée dans une chasse aux enfants qui les a menés en prison. Elle a appris à supporter les coups, les petites amies ou les éclats nocturnes d'un compagnon qui l'appelle *ma pute*, rote à table et crache à terre, qui se réserve la viande quand les enfants et elle n'ont droit qu'à des pâtes.

En août 1995, beaucoup d'eau a coulé sous les ponts. Minou est enceinte pour la troisième fois mais ne vit plus guère avec Marc, qui prétend vouloir la protéger de... lui-même. A tel point qu'ils n'ont plus de relations sexuelles depuis sept mois. Elle s'est donc repliée dans la résidence secondaire de Sars, avec ses fils mais aussi sa mère, qu'elle a songé à récupérer, ou ses chiens. Et elle lit et relit... *La Tour de garde* des Témoins de Jéhovah. Ou prie. Du matin au soir.

Bévues et boulettes, 2

Faisons le point sur les manquements de l'enquête.

Dès le fax du 7 juillet, les gendarmes liégeois Lesage et Gilot ont tout en main pour demander une perquisition chez Dutroux. Mais les jours filent, on travaille dans l'ombre. Comme si on avait le temps. Alors que deux fillettes... A moins qu'ils ne soient persuadés de leur mort ? Mais l'indic a parlé d'une filière, alors...

Le 4 août, nouveau fax de Charleroi à Lesage. Pour confirmer les déclarations précédentes de l'indic (Dutroux propose près de 4000 euros pour chaque fille enlevée) et signaler que le suspect est un vrai truand, dont il faut se défier.

Que fait Liège ? Rien. Il faut attendre le 7 août pour observer un nouveau contact avec le BCR : Gilot demande un dossier plus complet sur Dutroux et Lesage se plaint de l'inertie de ses collègues de Charleroi.

Le 9 août, en réaction aux demandes de Gilot et de Lesage sans doute, le BCR réunit à Charleroi les gendarmes des BSR de Charleroi et de Thuin (en Hainaut), de Namur (dans la province centrale du même nom) et de Seraing, ainsi que des collègues de Grâce-Hollogne. Bref, tous ceux qui ont, ont eu ou pourraient avoir affaire à... DUTROUX. POUR FAIRE LE POINT !

Le commissaire Lamoque, le patron de la cellule

Julie et Mélissa, n'y a pas été convié. On demeure entre gens de la même institution, la sacro-sainte gendarmerie, comme si celle-ci n'avait de comptes à rendre à personne.

Hors du coup Lamoque et la PJ, donc la juge Doutrèwe et la magistrature, donc les ministères de l'Intérieur ou de la Justice.

Nos gendarmes se prennent-ils pour l'équipe de *Mission impossible*?

Témoignages, 2

Le 10 août, Pettens, le très efficace MDL de Charleroi, recueille les confidences d'un deuxième informateur, qui transmet le témoignage d'un voisin de Dutroux, qui n'ose se déplacer tant il craint pour sa vie. Qu'a-t-il à dire? Que Dutroux a évoqué, au printemps de 1995, un... PROJET D'ENLÈVEMENT D'ENFANTS. De plus, Dutroux fréquente beaucoup un individu possédant une Ford Fiesta bleue... soit un modèle assez proche du véhicule que le témoin de Crotteux a décrit.

Toujours ce 10 août, Pettens, décidément très actif, revoit son indic Thirault. Qui se montre alarmant. L'aménagement progressif des caches se poursuit: des conduites ont été dissimulées sous une dalle, dans la maison de Marchienne, destinées au raccordement de... TOILETTES POUR ENFANTS. Et Dutroux est explicite. IL VEUT DES FILLES, MINCES ET JEUNES, surtout pas des adultes. Une préférence si clairement affichée qu'il s'arrête net en voiture quand il croise des ados à cheveux mi-longs et bouclés.

Pettens rédige un rapport confidentiel pour son supérieur, rapport transmis au BCR... ainsi qu'à Lesage.

Mais... aucun PV n'est rédigé, alors que des faits sont dûment enregistrés à propos de vingt-huit autres suspects.

Durant les vacances de la juge Doutrèwe, un troisième homme s'est manifesté. Un certain Feron. Qui n'est pas n'importe qui, si l'on ose dire. C'est un pédophile, un type très dangereux.

Qu'a-t-il à dire ? A l'en croire, trois semaines après le kidnapping des fillettes, un certain K.B. (ainsi nommé parce qu'il porte ces initiales sur une chevalière), un individu à l'accent germanique, lui a proposé des photos Polaroïd d'enfants ayant entre 6 et 11 ans. Sur les clichés, des pédophiles *occupés* avec des gosses. Des photos pour un magazine spécialisé, a précisé K.B., mais Feron a reconnu Mélissa Russo, dont les portraits fleurissaient. Il s'est cependant (et sagement) abstenu de tout commentaire, et l'autre lui a demandé s'il connaissait des clients potentiels pour écouler sa marchandise. Location ou vente. Feron, interdit, s'est donné le temps de la réflexion mais n'a donné aucune suite à la proposition, vu qu'il a été interpellé quelques jours plus tard.

Feron rêve d'obtenir une remise de peine contre ses révélations mais la juge Doutrèwe, une fois de retour, refuse de l'écouter.

Pourtant, ce mystérieux K.B. est connu à Charleroi et surtout... Surtout, la taverne du rendez-vous Feron/K.B. se trouve à 300 mètres de la demeure de Dutroux, à Marcinelle, là où Julie et Mélissa...

Dutroux, un suspect parmi tant d'autres ?

Julie et Mélissa vont bien. Façon de parler. S'épaulant l'une l'autre, plus sœurs de cœur que jamais, elles s'adaptent.

Pour l'heure, elles attendent le raclement caractéris-

tique des chaussures militaires, l'ouverture du passe-plat, la limonade «River», la boîte de sardines et les Nic-Nac. Tenir le coup. Simplement. Et tant pis si les repas sont frugaux ou déséquilibrés. Il suffit d'imaginer un pique-nique d'excursion.

Et LUI? Que doivent-elles EN penser? Bien coiffé et plutôt soigné, avec des lunettes, il rassurerait beaucoup d'adultes. Mais sans doute n'apprécient-elles guère la moustache et les longs favoris, la barbe naissante, car leurs papas n'en ont pas. Et puis il y a cet œil étrange, ce regard parfois vague...

Qui est-IL? L'homme qui les nourrit et qui leur apprend des choses. Dresser une table, ouvrir une boîte de conserve...

IL a dit qu'il les protégeait, aussi, qu'elles devaient lui obéir aveuglément et surtout se taire quand il l'ordonne, quand il s'absente. Car il y a EUX, ces mystérieuses personnes qu'il évoque régulièrement et qui pourraient leur faire beaucoup de mal.

Plus encore que...?

Les tuer? Oui, IL l'a dit.

L'homme à la moustache traverse sa caverne d'Ali Baba avec circonspection. Un incroyable bric-à-brac de matériaux de construction et d'outils.

Arrivé devant une étagère, il observe un moment les blocs d'aggloméré qui l'entourent, apprécie en connaisseur sa touche personnelle: le béton qu'il a coulé à l'intérieur de ceux-ci et qui les rend si lourds, quasi intransportables.

Un sourire étrange, rentré, retenu. Un rictus.

Qu'est-ce qui lui prend? Il s'est mis à frapper sur les blocs. De la musique industrielle? Une crise de démence? Non, il annonce sa visite.

Le moustachu enlève précautionneusement les pots remplis de clous et, l'étagère enfin libérée, il fait coulisser le battant qu'elle dissimulait.

Derrière, la prison des fillettes. L'enfer où sont claquemurées Julie et Mélissa.

La cache n'était pas encore terminée et leur enlèvement était un peu prématuré, imprévu. Mais il se débrouille. Tout va bien.

Marc est content.

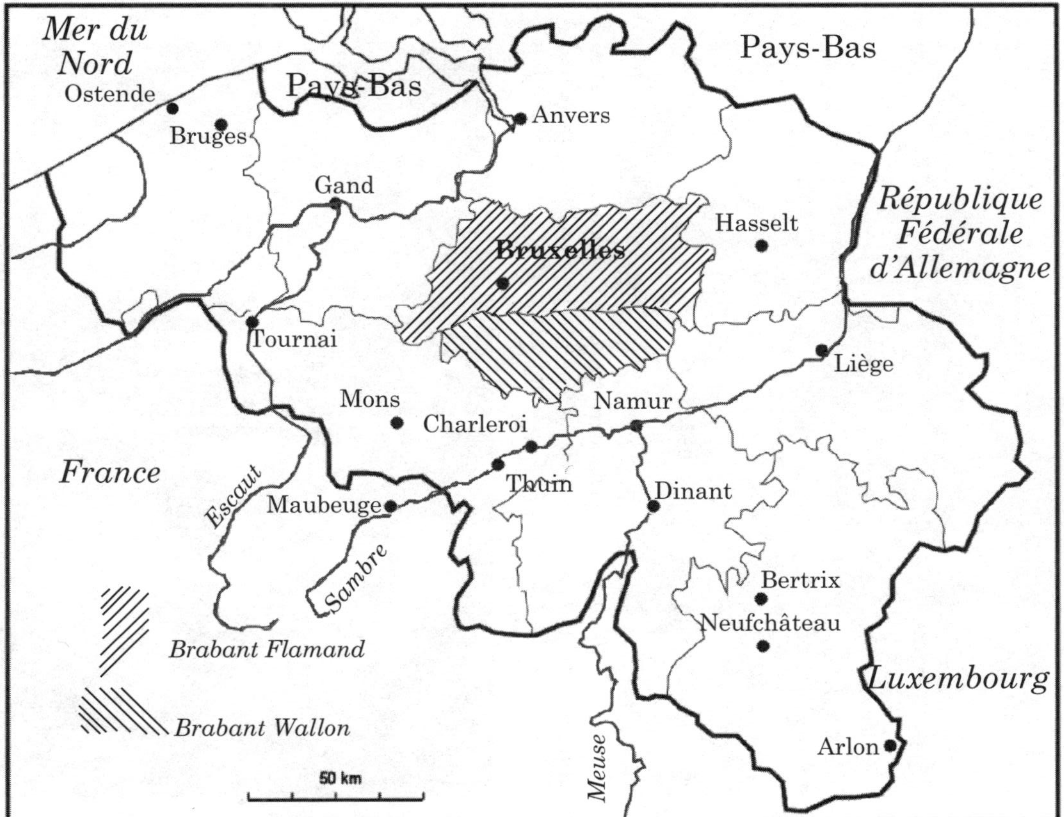
Mer du Nord
Ostende
Bruges
Pays-Bas
Anvers
Pays-Bas
Gand
République Fédérale d'Allemagne
Hasselt
Bruxelles
Tournai
Liège
Mons
Charleroi
Namur
France
Thuin
Dinant
Escaut
Maubeuge
Sambre
Bertrix
Neufchâteau
Brabant Flamand
Luxembourg
Brabant Wallon
Arlon
50 km
Meuse

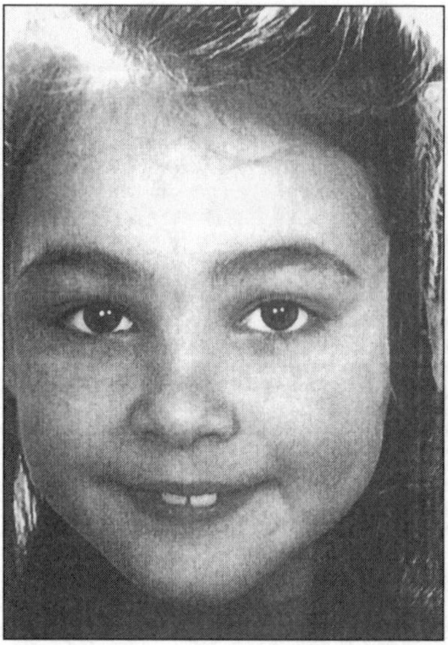

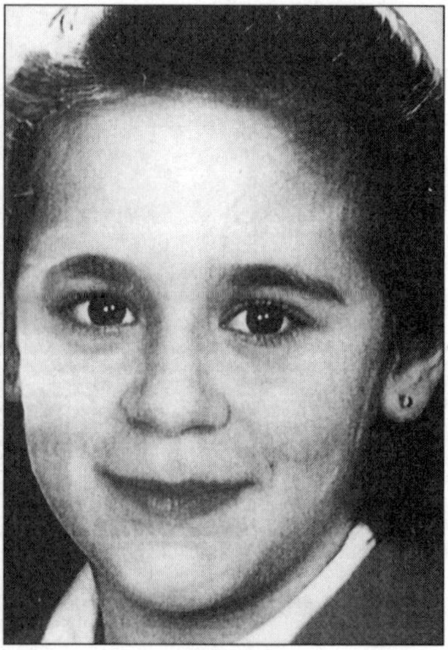

Julie *Mélissa*

Julie et Mélissa. Les petites fiancées de la Belgique, dont le combat des parents a bouleversé des millions de citoyens et dont beaucoup d'entre nous, très sincèrement, ont épousé une part du fardeau. (p. 7)

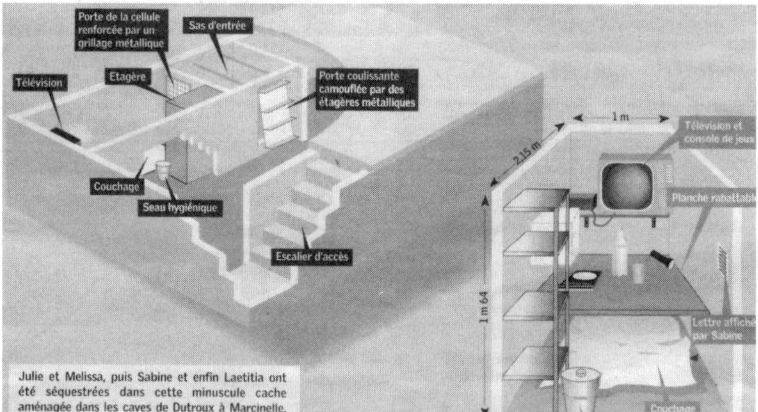

La cache n'était pas encore terminée et leur enlèvement était un peu prématuré, imprévu. Mais il se débrouille. Tout va bien. (p. 128)

Témoignages

Le dimanche 20 octobre, des manifestants défilent dans les rues de Bruxelles, venus de tous les horizons linguistiques, politiques, confessionnaux. Trois cent cinquante mille.
Avec le blanc pour étendard. Des cheveux aux visages, teints ou peints. Et ces ballons, ces milliers de ballons immaculés qui resteront le symbole du jour. (p. 202)

N° 7

N° 20

N° 10

N° 14

N° 9

N° 15

N° 19

N° 22

N° 4

Portraits robo des Tueurs fous selon les témoins de l'attaque du Colruyt de Nivelles.

Jean-Denis Lejeune Gino Russo Carine Russo

Carine et Gino Russo. Une femme au foyer et un ouvrier, fils de mineur sicilien immigré, qui fabrique des tôles pour Fiat. (p. 109)

Jean-Denis Lejeune avait parlé de justice de classe en rappelant les moyens déployés pour retrouver le fils d'une famille riche. (p. 217)

Une cavale de trois heures s'achève, qui aura précipité la gendarmerie et la justice au comble du ridicule. (p. 224)

Le Brabant est englouti par un raz-de-marée d'horreur et de douleur. (p. 56)

Marc Dutroux. Or, dès octobre 1993, ce dernier aurait effectué des travaux d'excavation dans les sous-sols d'une maison... AFIN D'Y LOGER DES ENFANTS AVANT DE LES ENVOYER A L'ÉTRANGER. (p.116)

Jean-Michel Nihoul

Deux gendarmes sont envoyés au palais de Justice et y pratiquent de longues séances de spéléologie dans les archives. (p. 207)

Chapitre III

An et Eefje

Blankenberge

Le mardi 22 août 1995, Marc Dutroux et son comparse Michel Lelièvre, alléchés par un soleil généreux, se sont offert une virée à la mer. Direction Bredene et le littoral belge, cette étroite bande de terre comprise entre La Panne et Knokke, soit entre la France et la Hollande, synonyme de vacances et d'exotisme pour tout un peuple.

Les deux hommes ont erré le long des digues ou au cœur des dunes, comme des moutons parmi les moutons. Comme toujours, l'avarice de Dutroux a frappé Lelièvre. Pas question de rentrer dans un café pour s'offrir une bonne bière. Pas question de s'arrêter dans un restaurant et de déguster des moules frites. Non, Marc a emporté ses réserves de biscuits et d'eau minérale.

Le soir est tombé. Puis la nuit. On rentre? Pas encore. D'autant que le loup, sous la défroque du mouton, remonte à la surface.

On a été s'aventurer dans une discothèque d'Ostende, on a humé la chair fraîche, on l'a effleurée. Puis on est ressortis, l'œil rougeoyant, les sens en appétit.

La CX a démarré, suivi les rails du tram.

Je m'en ferais bien une, a dit Lelièvre. *J'apprécierais aussi*, a rétorqué l'autre.

Marina Park

A Westende, une bande d'adolescents passent leurs vacances dans un bungalow du centre *Marina Park*. Pas de parents. Youpie ! On est entre jeunes, entre jeunes mus par une passion commune, car chacun fait partie de l'association théâtrale d'Hasselt (dans la partie septentrionale et flamande du pays).

Parmi ceux-ci, An Marchal, 17 ans et des boucles blondes, et Eefje Lambrecks, 19 ans et de longs cheveux bruns. Elles s'amusent. Un peu, beaucoup, à la folie. Le jour, le soir, la nuit. On écume les bistrots ou on gagne les dunes pour y refaire le monde hors du temps et de l'espace.

Aujourd'hui, An et Eefje sont sorties ensemble, sans les copains. Elles se sont rendues à Ostende puis ont assisté à un spectacle de magie à Blankenberge. Elles y ont même répondu à une invite du mage surinamien et se sont laissé hypnotiser. A la sortie, sans doute se sentent-elles un peu bizarres.

Le rapt

Sur un quai, deux jeunes filles se baladent. Il est près d'1 h 30, ce 23 août, et le tram ne roule plus. Comment rejoindre le parc Marina ?

Descendant d'un train, un guichetier de la SNCB (la compagnie nationale des chemins de fer) se souviendra d'avoir remarqué le manège d'une Citroën CX grise.

La voiture s'est arrêtée à hauteur des jeunes Flamandes.

Lelièvre a ouvert la portière. Echange d'amabilités. *Westende ? Pas de problème, on vous dépose.*

La CX a redémarré. Mais à trop vive allure. Vers l'autoroute.

An et Eefje, à l'intérieur, ne comprennent pas, interrogent, paniquent, se débattent. Accélération encore, pour que l'une d'elles n'ait pas l'idée saugrenue d'ouvrir la portière. Protéger la marchandise. Et s'éviter une confrontation avec la police. Des cris, des injures, en français, en néerlandais, et des coups.

Installé à l'arrière du véhicule, Lelièvre a agrippé les filles et est parvenu à leur faire ingérer de force des pilules de Rohypnol (un somnifère).

Le brouillard pour les adolescentes, un gouffre noir qui s'élargit.

Ouf, le plus dur est passé. Elles s'assoupissent, elles dorment.

La CX reprend une allure normale et se dirige vers Charleroi, le Gévaudan des loups belges. Lelièvre et Dutroux pavoisent. Une belle journée. Une belle chasse. Du travail joliment expédié.

Soudain, la catastrophe. La panne! Alors que Bruxelles se profilait.

La peur. Puis on se reprend. On dirige la voiture sur la berne et Dutroux s'éloigne pour aller chercher un véhicule de dépannage.

Plus tard, des témoins affirmeront avoir aperçu les adolescentes étendues dans les herbes, à proximité, mais ils ne s'en sont pas inquiétés. La jeunesse et les vacances, les virées, l'amour.

Dutroux se dirige vers la station-service la plus proche quand il croise une voiture à l'arrêt. Une plaque étrangère. Un rideau de fortune qui protège le sommeil des passagers.

Rusé, le loup rebondit. Une nouvelle idée. Faire appel à des inconnus plutôt qu'à des professionnels.

Il frappe à la vitre. On ouvre. Coup de bol : des Irlandais qui ne font que traverser la Belgique. Un témoignage qui partira au diable vauvert.

Pour les convaincre de l'aider, Dutroux, qui baragouine un peu d'anglais, propose aux deux touristes un lit pour la nuit. Les autres acquiescent. Mais Dutroux est vraiment inspiré. Il ne les conduit pas à la CX mais chez lui, à Sars-la-Buissière, où Michelle Martin, réveillée, s'exécute sans discuter, offrant gîte et repas.

Dutroux remercie les Irlandais et leur donne un billet de 1000 FB (25 euros). Et le voilà reparti sur les routes à bord d'une autre de ses voitures, une Ford Sierra bleue (*LA* Ford déjà évoquée par des témoins ?).

Une heure d'inquiétude, car il s'en veut pour la panne, cet épisode qu'il n'a pu maîtriser et qui aurait pu, qui pourrait encore, lui coûter cher.

Ouf ! La voiture est là. Mais... où sont les trois jeunes ? Un instant de panique intense. Avant de découvrir Lelièvre un peu plus loin, étendu à côté d'An, déshabillée, occupée à reprendre conscience. *L'idiot n'a pas pu attendre !* enrage Dutroux. Et il leur a fait courir des risques inconsidérés. Mais à quoi bon s'emporter ? Il faut s'éloigner, disparaître.

On aide les filles à se relever, on les installe à l'arrière de la Ford et on abandonne la CX.

Ensuite, direction Marcinelle, où An et Eefje seront allongées (entièrement nues) sur les lits superposés de la chambre aux dinosaures. Rassurés par leur état (une nouvelle dose de Rohypnol ?), les deux comparses iront réparer et récupérer la CX.

Commentaires, 1

Pour la narration qui précède, nous avons suivi les aveux des deux complices et les conclusions de la reconstitution, ce qui n'est pas évident vu certaines contradictions. Des témoignages, cependant, viennent étayer la réalité de ce récit. Depuis le fonctionnaire de la SNCB jusqu'aux deux Irlandais, en passant par des automobilistes de l'autoroute de la mer. Soit.

Pourtant, nous avons quelque peine à imaginer Lelièvre venant seul à bout des jeunes filles et parvenant à leur faire avaler le somnifère. Des zones d'ombre entourent cet épisode.

L'enquête, 2

Le lendemain de la disparition d'An et d'Eefje, leurs camarades du Marina Park vont alerter la police, mais l'inspecteur de garde ne les prend guère au sérieux. C'est qu'à la mer, les escapades sont légion. Des enfants qui se perdent, des ados qui vagabondent. Et cela chaque semaine.

Le policier ne prévient pas les familles et ne dresse aucun PV, il ne transmet même pas l'information à celui qui lui succède.

Atterrés, les jeunes tournent en rond, s'inquiètent et finissent par téléphoner aux parents. Aussitôt, la mère d'Eefje et les époux Marchal se précipitent auprès des autorités de leur commune. Un commissaire-adjoint local entre en contact avec un collègue du littoral. L'homme n'est encore au courant de rien et écoute longuement.

Une fugue? An aurait emporté la solution nécessaire pour supporter ses lentilles, ou son médicament pour la peau. Et davantage d'argent, son chandail, sa deuxième paire de lunettes. C'était à son tour de cuisiner pour la bande et elle avait appelé la maison pour une recette.

La police littorale réagit. Des hommes descendent au Marina Park pour recueillir des indices, on appelle les hôpitaux de la région, on contacte les amis chez lesquels elles auraient pu dormir. Buisson creux.

Le vendredi, la police littorale cède le relais à la PJ de Bruges (chef-lieu de la Flandre occidentale). Une caméra de surveillance offre des images vidéo qui prouvent qu'An et Eefje ont quitté le casino de Blankenberge après minuit. On recueille des témoignages qui tendent à démontrer qu'elles ont pris le dernier tram jusqu'au terminus d'Ostende et se sont ensuite baladées dans le quartier du port.

On organise des battues, qui ne donnent rien. Alors on passe aux affiches, grâce au soutien de l'association francophone *Marc et Corinne* ou au *Fonds d'assistance flamand pour les enfants disparus.*

Les familles, très actives, ont choisi un café comme base de leur campagne d'information et d'investigation. On y installe un fax et un répondeur. On collecte, on trie.

Bévues et boulettes, 3

Deux jours après la disparition des adolescentes, le BCR adresse un avis de recherche qui concerne Dutroux et sa femme Michelle Martin. Toutes les unités le reçoivent. Enfin, toutes les unités de la gendarmerie, car cette institution ne mêle pas la PJ (qui gère le dossier An et Eefje !) à ses affaires.

Or ce document signale que Dutroux et Martin trempent dans des cambriolages de propriétés et… DES

VOIES DE FAIT SUR DES MINEURES. Il donne une liste de véhicules appartenant au suspect et, parmi ceux-ci, figure… UNE (LA!) CX GRISE décrite par un témoin.

Une fois de plus, on passe à côté de la résolution de l'affaire.

Les parents, 3

Comme dans le cas des Russo et des Lejeune, après quelques jours, Paul Marchal, un instituteur, estime que l'enquête ne progresse guère et s'enlise. Or il sait que le temps presse, chaque heure pouvant être décisive, c'est-à-dire fatale. Alors, il mène lui aussi sa propre enquête. Et le voilà qui fonce, quitte à se tromper.

Dans un premier temps, il s'en prend au mage, qui avait affirmé ne pas reconnaître An et Eefje… alors qu'elles étaient montées sur scène et avaient été enregistrées par la vidéo du spectacle. Bizarre, cet oubli? Pour Marchal, le Surinamien, un moment, apparaîtra comme le suspect numéro 1.

Dans un deuxième temps, un commissaire-adjoint lui ayant communiqué ses coordonnées privées, Paul Marchal n'hésite pas à le réveiller en pleine nuit pour parler de liens possibles entre l'enlèvement et le milieu hambourgeois de la prostitution. Une piste que le policier remonte en vain, les informations étant on ne peut plus fantaisistes. Marchal remet ça une autre nuit. Cette fois, il s'agit d'un cadavre repêché dans la Sambre dont il souhaiterait une identification immédiate. Le policier, qui n'ignore pas que des gens disparaissent sans cesse et que des corps sont régulièrement retrouvés, refuse de bousculer toutes les procédures et de vivre sans cesse sous tension.

On peut comprendre Marchal mais on comprend surtout l'homme de la PJ.

Julie et Mélissa ont entendu du bruit à l'extérieur de leur cage. Des voix d'adultes. Plusieurs. Les patrons ? Ceux qui menacent de les tuer ?

Elles se taisent et écoutent. Des voix de jeunes filles aussi. Des cris, des pleurs. De la bagarre. Que se passe-t-il ?

Chapitre IV

Entre Charybde et Scylla

L'hôtel est complet

Après leur enlèvement, An et Eefje ont été descendues, inconscientes, dans les sous-sols de la maison de Marcinelle, à quelques pas de Julie et Mélissa.

Leurs ravisseurs ont-ils agi à la légère ? Car les voilà embarrassés. La cage est déjà occupée. Et les adolescentes sont moins commodes que les fillettes. En se réveillant, elles se débattent, font des vagues, refusent de vivre dans les caves. Alors ?

On les remonte, on les installe dans la chambre aux dinosaures, celle du fils aîné de Dutroux. Mais il y a la fenêtre. Et si elles appelaient à l'aide ? Si on les voyait ? Si elles s'échappaient ?

On les a obligées à absorber du Rohypnol. La seule manière de les tenir tranquilles.

Puis les jours ont passé. On a appris à *vivre ensemble*. Sans doute Dutroux, Lelièvre et Weinstein les abusent-ils régulièrement, mais ils ont intérêt à les ménager aussi.

Avec An, le dialogue est impossible. Elle ne comprend pas le français et demeure dans son coin, anéantie et maussade. Dutroux, qui aime jouer les pères de substitution, s'irrite de plus en plus de devoir en rester à une communication élémentaire : *manger*, *toilettes*...

Avec Eefje, c'est très différent. Elle parle, évoque ses

projets d'avenir (des études de journalisme) ou ses hobbies (le saxophone), elle fait même un peu de ménage. En fait, elle tente de croire aux paroles de son ravisseur : quand ses parents auront payé une rançon, elle pourra s'en aller. Ou, très pragmatique, intelligente, elle écoute son instinct de survie et s'adapte aux atroces circonstances.

Eefje, pourtant, n'a pas renoncé à la lutte. Alors que l'attention de Dutroux se relâche, elle fuit par une petite fenêtre du grenier mais se fait rattraper.

Dutroux comprend que cette vie dorée ne peut continuer. Il y a trop de monde dans sa demeure de Marcinelle, trop de mouvement, trop d'agitation. Alors il se résout à céder les deux filles à ses comparses Lelièvre et Weinstein.

Bévues et boulettes, 4

Le 25 août, la gendarmerie a placé un POSA (peloton d'observation, de surveillance et d'arrestation) autour des propriétés de Dutroux. L'opération a reçu un nom de code appelé à entrer dans les annales judiciaires belges : *Othello*.

Curieusement, le transfert d'An et d'Eefje passe inaperçu.

A y regarder de plus près, la surveillance est relative. Aucune écoute téléphonique. Aucune filature, quand Dutroux sort et bouge. On a même renoncé à installer une caméra télécommandée alors que... l'observation n'est pas continue. Par manque de personnel à cause des vacances d'été !

Pourtant, nos gendarmes ont remarqué de mystérieuses Mercedes blanches, qui font la navette entre les garages de Dutroux et d'énigmatiques destinations. Avec de singulières précautions, une volonté apparente de discrétion.

Aucune suite ! Aucun PV ! Et la juge Doutrèwe n'est pas informée.

Si l'on se fie à la parole de cette dernière, il faudra attendre la fin de ce mois pour que Lesage évoque enfin l'existence d'un suspect nommé Dutroux (près de deux mois après le fax du 7 juillet !). Une information qui, de plus, aurait été présentée comme... anecdotique. Ce qui justifierait l'absence de réaction de la juge.

L'enquête, 3

Pour retrouver An et Eefje, on ne reste pourtant pas les bras croisés. La toute nouvelle Cellule Nationale des Disparitions croit que la côte belge sert de terrain de chasse à un serial killer. Une thèse initiée par la PJ d'Anvers. N'a-t-on pas récemment découvert des cadavres de femmes ? Egorgées à l'aide d'une lame aiguisée. On a suivi la piste d'un violeur en série. Impasse.

Cinq cent mille affiches ont été distribuées, des volontaires sillonnent le littoral. Un hélicoptère de la Force navale a survolé les dunes. On a utilisé des chiens pisteurs. Ou une caméra à infrarouge qui permet de discerner le rayonnement calorique émis après la mort.

Les grands moyens. Et puis, d'un coup, on a tout arrêté. Comme si on n'y croyait plus. A moins qu'on ne craigne que ces manœuvres ne renseignent davantage le coupable qu'elles ne l'effraient ?

Un pas en avant, deux pas en arrière.

Les parents, 4

Les parents d'An ont découvert un sac à dos rempli de cadeaux qui rend moins crédible encore la thèse de la fugue. Alors, avec l'accord des parents d'Eefje, ils rédigent un émouvant appel aux jeunes filles et à leurs éventuels ravisseurs. Ils veulent les assurer du soutien et de l'affection de toute une région, de toute une famille. Ils implorent un signe. La compassion. Sans elles, leur vie n'a plus de sens.

Une démarche qui rejoint celle des Russo et des Lejeune. Mais les monstres ont-ils un cœur ?

Témoignages, 3

Le 4 septembre, une lettre a été envoyée à un juge d'instruction de Charleroi par une certaine Nicole L. qui se prétend la propriétaire de Dutroux.

Que dit-elle ?

Que son locataire *séquestre et trafique* (sic) *des jeunes filles*. A Jemeppe, les fenêtres auraient été occultées à l'aide de feuilles de plastique, mais on aurait observé deux silhouettes féminines qui ressemblaient beaucoup aux *filles de la Côte*.

Une rumeur de plus ?

La demeure dont il est question est CELLE DONT DUTROUX A HÉRITÉ de sa grand-mère, celle qu'il loue à son ami Diakostavrianos.

Jemeppe ne dépendant pas de Charleroi, le juge transmet au parquet de Namur.

Pendant ce temps, Nicole L. ose une démarche sidérante. Elle va trouver Lelièvre et Diakostavrianos, les lieutenants de Dutroux, et les met en garde contre celui-ci. Ils la rassurent et elle s'éloigne. Mais, une semaine plus tard, alertés, les trois comparses quittent Jemeppe pour Marchienne, une autre propriété du *chef*.

Bévues et boulettes, 5

Le 7 septembre, la PJ namuroise a *démasqué* Nicole L. : il s'agit de... LA MÈRE DE MARC DUTROUX, qui vit séparée de son mari et n'a plus vu son fils depuis longtemps.

On interroge aussi quelques voisins. Aucun résultat. Pense-t-on à un règlement de comptes familial ? Classement vertical.

Parce que PJ et gendarmerie travaillent en solo.

Les parents, 5

Au cours d'une séance de spiritisme, un médium emprunte la voix d'Eefje et rapporte qu'elle a été enlevée par un individu qui l'a violée et assassinée. Le *spectacle* a été enregistré sur une cassette vidéo, que la mère d'Eefje offre à la PJ de Bruges. La pauvre a reçu des renseignements si précis qu'elle identifie l'endroit où reposerait sa fille. Devant les réticences de la PJ, elle s'offre une violation de domicile et retourne tout un monticule de bois. En vain.

A partir de cet instant, convaincue de la mort de sa fille, la mère entame son deuil et prépare des obsèques.

Son ex-mari, Lambrecks, un entrepreneur indépendant, est décontenancé et pour le moins sceptique, mais du moins comprend-il la détresse de son ex-épouse.

Quant aux parents d'An, les Marchal, ils espèrent toujours.

Pourtant, phénomène étrange, inquiétant, les animaux de leur fille se laissent mourir l'un après l'autre.

L'affaire des ferrailleurs

En novembre, énième mésaventure de *l'arroseur arrosé*, Dutroux constate qu'on lui a dérobé un camion. La colère l'envahit et il n'aspire plus qu'à la vengeance. Très vite, ses soupçons se portent sur deux jeunes ferrailleurs, Pierre et Philippe.

Il demande à Weinstein de les inviter dans son chalet de Jumet.

Le 5, les deux jeunes gens tombent dans le panneau et se font accueillir par un Dutroux furibond, qui n'hésite pas à sortir un revolver et à tirer dans un mur.

Pierre et Philippe sont tétanisés. Dutroux se rapproche, applique son arme contre la tempe du premier et leur ordonne d'ingurgiter du Rohypnol. Les ferrailleurs paniquent, se devinent perdus. Que faire ? Supplier ? A quoi bon ? Menacer, alors ? Oui. L'amie de Pierre est au courant de son rendez-vous et donnera l'alerte s'ils ne rentrent pas.

Dutroux hésite, s'énerve. Puis il se décide. Les deux captifs sont ligotés mains derrière le dos et même enchaînés. Puis leurs agresseurs les abandonnent pour se rendre chez Pierre.

La petite amie de ce dernier, Bénédicte, une prostituée, craint le pire mais ne sait comment échapper aux deux brutes. Elle fait donc semblant de les croire et les suit.

Arrivée à son tour au chalet, elle se voit obligée de prendre du Rohypnol. Elle ne résiste pas, mais trompe ses ravisseurs en conservant les comprimés sous la langue. Dutroux et Weinstein commencent à la *travailler,* mais la professionnelle en a vu d'autres. Ils n'iront pas jusqu'au viol, cependant, car Dutroux, toujours aussi avare et vorace, songe à la télévision et à la vidéo aperçues dans son appartement et veut aller les subtiliser.

Une fois les deux crapules sorties, Bénédicte recrache les pilules, brise un carreau pour s'échapper et va chercher du secours.

Bientôt, police et pompiers débarquent devant le chalet de Jumet. Pierre et Philippe sont sauvés, mais Dutroux et Weinstein se sont évanouis dans la nature.

Un portrait-robot (moustache, barbe naissante et muscle de l'œil droit relâché pour le chef du duo) est diffusé par la police communale, mais le nom de Dutroux n'apparaît pas. Aucun lien n'est fait avec les autres investigations !

L'affaire d'Obaix

Le 22 novembre, une jeune fille, Caroline, se fait agresser dans une rue d'Obaix, le village où vit la mère de Dutroux et où celui-ci travaille alors. Amenée à l'arrière d'un véhicule, elle se fait violer par un inconnu qui parachève son crime en lui tranchant la gorge.

La malheureuse survit par miracle et se fait transporter aux urgences. A l'inspecteur Zicot, de la PJ de Charleroi, venu la voir en compagnie d'un spécialiste du portrait-robot, la victime parle d'un individu portant barbe et cheveux longs, sale, peu soigné. Voilà qui ne ressemble guère à Dutroux, bien sûr, et, d'ailleurs, elle ne le reconnaît pas quand on lui présente son portrait-robot.

Pourtant, l'adjudant-chef de la gendarmerie qui est accouru le premier sur les lieux du crime, dénonce, lui, *la patte* du violeur Dutroux qu'il avait croisé vers 1985. Qu'est-ce à dire ? Dutroux s'est-il déguisé ? Ou secondait-il Weinstein, dont la description par Caroline paraît assez probante ?

Bévues et boulettes, 6

Zicot, qui s'occupe beaucoup de voitures volées, connaît Dutroux mais ne songe nullement à l'appréhender. Ni à perquisitionner chez lui.

L'affaire Tagliaferro

Ce même 22 novembre, au matin, un ferrailleur d'origine italienne, Tagliaferro, est retrouvé mort dans la même région. Le légiste parle d'une attaque cardiaque, mais la veuve évoque des menaces reçues, un empoisonnement.

Plus tard, une rumeur rapportera que l'homme dérangeait Dutroux et que celui-ci avait mis sa tête à prix. Info, intox ? En tous les cas, pour l'heure, personne ne songe à inquiéter le monstre de Marcinelle.

Personne ? Si, pourtant. Cette semaine-là, une substitute a une discussion informelle avec le MDLC René Michaux (le contact de Lesage à Charleroi, l'homme des fax), qui sombre alors dans la dépression, à la suite de problèmes privés, mais n'en attire pas moins l'attention sur la personnalité de Dutroux. *Il a refait des siennes.*

Pour la magistrate, l'individu n'est pas un inconnu, car il s'est trouvé impliqué dans des histoires de vols de voitures. Elle tient donc compte des intuitions du gendarme et convoque Christophe Pettens (oui, le protecteur de l'indic Thirault !), Michaux lui-même et leur commandant.

Des réunions dont Liège et la juge Doutrèwe n'auront hélas aucun compte rendu.

Dutroux sous les verrous !

Le 6 décembre, Dutroux, qui est alors suspecté tant pour Obaix que pour Tagliaferro, se rend au commissariat de Charleroi dans le cadre de… la séquestration des ferrailleurs. Sachant qu'on veut le photographier, il se fait faire une nouvelle coupe de cheveux, mais un agent est frappé, malgré tout, par la similitude avec le portrait-robot et le retient.

Le lendemain, un juge d'instruction confirme le mandat d'arrêt et inculpe Dutroux pour la séquestration des trois jeunes gens ainsi que pour des vols de voitures.

Par un extraordinaire caprice du destin, le pire ennemi des enfants belges est *tombé* le jour de leur fête : la Saint-Nicolas.

Bévues et boulettes, 7

Dutroux sous les verrous, excellente nouvelle ? Hum… pas si simple.

On ne fait pas le lien, plus haut, avec la récidive qui aurait privé Dutroux de sa conditionnelle.

La gendarmerie n'a pas été avisée non plus et ne sait pas que l'homme qu'elle surveille depuis des mois est arrêté. Heureusement, Pettens (décidément partout, toujours efficace) lit le nom de Dutroux dans le registre des détenus du palais de Justice et avertit Michaux.

Le 13 décembre, Michaux obtient le mandat de perquisition souhaité pour les demeures de Marcinelle et de Sars-la-Buissière.

Le 13 décembre. Une date à marquer en lettres de feu. Un épisode dont on reparlera tant et plus à travers la Belgique dans les années à venir.

Le 13 décembre.

Au départ, il est question de rechercher des preuves matérielles de la séquestration ou des vols, et deux équipes se partagent les fouilles. Mais, au fond de lui, comme il le confirmera plus tard, Michaux pressent qu'il est aussi question de deux petits anges, deux fillettes enlevées à Crotteux voici près de six mois.

Il y a donc la mission première de Michaux, son intuition ensuite mais aussi, hélas, la confusion de son esprit. Et il n'a pas toutes les cartes en main non plus : son collègue Pettens a beau l'avoir alerté, il n'a pas reçu l'ensemble des informations offertes par l'indic Thirault. Et pour cause : aucun PV n'est disponible.

Voilà donc Michaux et ses hommes dans la maison de Marcinelle où ont été enfermées Julie et Mélissa. Y sont-elles encore ?

A Sars, l'autre équipe découvre une Fiesta qui ressemble au type de véhicule utilisé pour l'enlèvement des fillettes de Crotteux. On ne fait pas le rapprochement.

Retour à Marcinelle. Michaux est descendu dans la cave avec un serrurier, tandis que ses hommes s'occupent du rez-de-chaussée.

La cave. Pas très loin, une étagère entre des blocs de béton. Autour, un invraisemblable bric-à-brac. Et soudain… Soudain, des voix d'enfants. Pas très nettes, voilées. Mais si caractéristiques. Pour mieux écouter, dira-t-il plus tard, Michaux hurle un *Silence!* qui plonge la demeure dans un calme glacé. Plus rien. On entendrait une mouche voler. Le gendarme hausse les épaules. *Bah, des enfants qui jouent dans la rue!*

On remonte.

Evidemment, des chiens pisteurs ou des caméras infrarouges auraient été bien utiles, mais ces moyens sont interdits par le cadre légal... vu le motif officiel de la perquisition.

Un peu plus tard, au siège de la brigade, on fait le bilan devant les gendarmes de la cellule *Julie et Mélissa* venus s'informer.

L'inventaire?

Des cassettes vidéo, parmi lesquelles l'enregistrement d'une célèbre émission française, *Perdu de vue*... qui allait se pencher sur l'affaire des enfants belges.

Une bouteille de chloroforme, mais aussi un spéculum (instrument d'exploration gynécologique) et des tubes de vaseline. Très probant? Pas pour nos enquêteurs, qui ne s'y arrêtent guère.

Comme ils n'ont pas prêté une attention particulière à l'état d'avancement des travaux ou à une lettre de remerciement d'un couple de Charleroi. Remerciement pour quoi?

Une fois de plus, le malaise nous saisit. Nous voudrions comprendre et...

Parallèlement, entre le 5 et le 22 décembre, DES PLAINTES ABONDENT À PROPOS DE MERCEDES BLANCHES DONT LES PROPRIÉTAIRES TOURNERAIENT AUTOUR DES ÉCOLES OU DES AIRES DE JEU, prenant même des photos d'enfants. Cela ne vous dit rien? Qu'avait observé le POSA?

Les parents, 6

Le 24 décembre, soit le soir de Noël, les parents de Julie et de Mélissa reçoivent un merveilleux *cadeau* de l'Etat belge: leur demande de consulter le dossier de l'enlèvement est... rejetée!

Comme si ce coup de massue ne suffisait pas, la Caisse de compensation pour allocations familiales amène son paquet sous le sapin: les versements aux deux familles sont suspendus... vu qu'elles ne peuvent plus prouver qu'elles éduquent les deux enfants. Pourtant, Dieu sait s'ils en ont besoin, d'argent, les parents. C'est que, si Jean-Denis Lejeune a repris stoïquement le chemin du boulot, Gino Russo consacre encore tout son temps à sa fille. Avec sa belle-sœur, ne veut-il pas diffuser l'information de Cuba au Groenland, en passant par les Emirats arabes? Lettres, photos. Encore et encore.

Ce n'est pas tout. Les Russo, qui ont reçu une lettre du pédophile incarcéré Feron, qui tient à tout prix à leur parler, subissent le veto de la juge Doutrèwe. De même que le délégué aux Droits de l'Enfant, qui aurait lui aussi souhaité interroger le prisonnier.

Doutrèwe, encore Doutrèwe. Cette Doutrèwe dont le bureau demeure inaccessible aux parents, le téléphone désespérément muet.

Pas assez importants, les parents? Pas assez bourgeois? Trop prolétaires, trop *peuple*?

C'est ce qu'ils ressentent, en tous les cas. Et l'incompréhension réciproque le cède de plus en plus à l'hostilité pure.

Et s'ils savaient, ces courageux et si dynamiques parents, s'ils savaient... Car il y a pire encore, peut-être. Si du moins les fillettes sont encore dans leur cage.

Car on vient de couper le courant dans la maison de Marcinelle. Factures impayées. Etrange célérité.

A l'autre bout du pays, les parents Marchal et Lambrecks sont-ils logés à meilleure enseigne? Pas tellement. Car, après la macabre intervention médiumnique ou la mort des animaux, l'espoir n'en finit pas de renaître. En cette fin de 1995, An et Eefje seront aperçues huit fois en Espagne. Huit fois! Des témoignages farfelus, voire de mauvais goût? Pas nécessairement, car même un ami de M. Lambrecks jurera ses grands dieux avoir reconnu sa fille et tenté de la suivre. Le père d'Eefje prendra aussitôt l'avion pour le village de vacances ibérique, mais en sera pour ses frais, malgré le soutien de la PJ. Un sosie ou alors... ?

Commentaires, 2

Où sont alors Julie et Mélissa? Et qui va s'en occuper en l'absence de Dutroux? Ses complices, qui se terrent? Quelles consignes le monstre de Charleroi donne-t-il à sa femme lorsqu'elle vient le visiter?

Et An et Eefje? Qu'en ont fait les autres?

En cette fin de 1995, six mois ont passé depuis la disparition des fillettes et quatre depuis celle des adolescentes. Peu de gens, en Belgique, croient que les deux affaires puissent être liées. Les enquêtes se sont enlisées. Le *chef des méchants* est en prison et l'on pourrait presque espérer le dénouement de l'histoire. Pourtant, celle-ci s'apparente à un cul-de-sac glauque. Murs lépreux et poubelles trop pansues, odeurs d'urine, de vomi, de pourriture.

Le 25 janvier, la gendarmerie clôture l'opération

Othello, vu l'arrestation de Dutroux. Le parquet de Charleroi, dans la foulée, classe le dossier.

Pourtant, la Cellule Nationale des Disparitions a confirmé la rumeur des Mercedes blanches aux abords des écoles. Elle a parlé de photos, de sommes d'argent importantes liées à un trafic d'êtres humains.

Classable, vraiment, cette affaire ?

La société belge, qui s'éloignait de Charybde, ne se rendait pas compte encore que sa dérive l'amenait lentement vers Scylla.

Comme dans la mythologie, entre deux écueils monstrueux, le navire *Belgique* tanguait et se fissurait. Jusqu'à l'anéantissement ?

Sous leurs noms gravés à même le mur moutarde, Julie et Mélissa dorment, serrées l'une contre l'autre. Elles dorment. Le jour et la nuit. Et que faire d'autre, à présent que Marc ne s'occupe plus d'elles ?

Au-dessus, il n'y a plus d'éclats de voix et plus d'animation. Comme si la maison avait été abandonnée.

Plus de chauffage, plus de lumière.

Oublier la faim et toutes ces horreurs, le froid.

L'envie de rêver.

Elles dorment. Ou plutôt elles essaient.

Chapitre V

Sabine et Laetitia

Où est passée Sabine ?

Le mardi 28 mai 1996, Sabine Dardenne (12 ans) a quitté la maison familiale de très bonne heure pour se rendre à l'étude qui précède sa journée de cours. Vers 7 h 20, elle roule sur son beau vélo vert.

A la récréation qui coupe l'avant-midi, une amie la cherche à droite et à gauche et s'étonne de ne pas la voir. Est-elle tombée malade ? Elle va jeter un coup d'œil à la remise où les élèves abandonnent leurs vélos. Celui de Sabine n'y figure pas.

Elle s'informe auprès des autorités du collège de Kain (province du Hainaut). Pas de nouvelles. Bizarre car le père, un ouvrier, prévient toujours en cas de pépin.

On lui téléphone et il s'inquiète. Elle est partie, il l'a croisée lorsqu'il rentrait en voiture d'une pause de nuit, elle lui a fait un petit geste de la main. Aurait-elle eu un problème sur la route et serait-elle rentrée ? Il va inspecter le garage et observe que le vélo n'y est pas.

Serait-elle passée chez une amie ? Ce n'est pas une ado en révolte. Non.

Le père va terminer son service de nuit puis il se couche, tente de trouver le sommeil mais n'y parvient pas. Vers 17 h, il se lève, espère découvrir Sabine, mais non. Un coup de fil à la meilleure amie de sa fille, espérant que… Non, elle ne l'a pas vue de la journée. De plus en plus impatient, nerveux, M. Dardenne attend le retour de sa femme, une infirmière, et sort pour chercher son enfant.

Un accident ? La police l'aurait prévenu.

Un enlèvement ? Mais la chaussée qu'elle doit longer est bâtie sur chacun de ses côtés et beaucoup de riverains s'y agitent le matin, s'ébrouant pour se rendre à l'école ou au travail. Ce n'est pas le lieu le plus propice. Non, ce n'est pas possible. D'ailleurs, ses parents n'ont-ils pas enseigné à la fillette qu'elle ne devait pas se fier à des inconnus et crier au moindre comportement suspect ?

A moins qu'une connaissance… Sueur froide.

A 20 h, les parents décident de prévenir la gendarmerie. Celle-ci descend sur les lieux et prévient la Cellule Nationale des Disparitions. Quelques heures plus tard, l'association *Marc et Corinne* intervient à son tour et s'occupe de produire des affiches. Quinze mille.

L'entourage est très inquiet, car Sabine n'avait pas de petit ami, ses copines sont formelles, et pas non plus de gros soucis à l'école.

Rien n'est écarté. Accident, suicide, fugue, enlèvement.

On cherche son vélo et son sac à dos. L'Escaut, le fleuve proche, qui longe l'itinéraire naturel de la fillette, est sondé, exploré par des plongeurs. Des chiens pisteurs arrivent en renfort de Hollande, pour inspecter les rives, les alentours.

Rien.

Ce qui est arrivé

Le mardi 28 mai, peu avant 7 h 20, une camionnette Renault blanche est restée un moment à l'arrêt sous le viaduc de l'autoroute Liège-Lille, la E-42 rendue tristement célèbre par la disparition de Julie et de Mélissa. A bord, à l'arrière du véhicule, un homme manipule un tampon d'ouate, tandis que le conducteur, un moustachu, scrute l'horizon, entre excitation et nervosité.

Voilà. C'est elle ! Il est 7 h 20. Oui, tout se déroule comme prévu. Ce vélo vert qui passe nonchalamment, sans savoir que sa propriétaire a été repérée une semaine plus tôt, son itinéraire et son horaire soigneusement observés.

Elle roule, Sabine, elle roule. En direction du collège Notre-Dame. Qu'elle n'atteindra jamais.

Car deux loups se sont mis en chasse. Dutroux et Lelièvre.

Dutroux est sorti du véhicule et attrape la fillette, la portière coulissante glisse vers l'arrière et l'ouate s'humidifie. Sabine voudrait crier mais un tampon la bâillonne, elle se voit embarquer, elle se sent défaillir, elle ne lutte plus, elle coule.

Lelièvre, lui, suivant la partition, se jette sur le vélo tombé sur le trottoir et le balance à l'arrière de la camionnette, avec le sac à dos.

Une attaque éclair. A l'endroit et à l'instant parfaits. Personne n'a rien vu ni rien entendu. Alors qu'un peu plus loin, un peu plus tard...

Il ne reste plus aux deux fauves qu'à s'éclipser avec leur proie.

La libération de Dutroux

Dutroux et Lelièvre en action ? Mais comment est-ce possible vu que nous avions laissé le sinistre moustachu en prison.

C'est ignorer la magnanimité de la justice belge. Après la clémence d'un ministre en 1992, c'est au tour d'un juge de Charleroi de déployer tout un arsenal de compassion. En se fondant sur le rapport d'une assistante sociale.

C'est que ce brave Marc a eu la bonne idée de mettre sa femme Michelle enceinte... juste avant de renoncer à la toucher.

Voilà donc notre parangon de la paternité, lui qui avait fui sa famille pour s'occuper de ses *petites affaires*, libéré le 20 mars 1996 !

Citons les termes officiels, puisqu'ils valent de l'or (noir) : *L'enfermement ne se justifie plus, eu égard au préjudice que cela occasionne à sa vie familiale.*

Bref, trois mois pour l'enlèvement de trois personnes, le Rohypnol, la tentative de viol et le projet avéré d'un triple assassinat ! Sans compter la conditionnelle qui devait nécessairement sauter. Sans oser envisager, évidemment, les crimes non élucidés d'Obaix, de Tagliaferro, etc.

Le parquet de Charleroi pourrait faire opposition. Mais non.

Devant un tel déluge de coups de chance, on demeure hébété. Dutroux, créature du diable, est-il donc... béni des dieux ?

Les parents, 7

Le 18 juin, le parquet de Liège prend connaissance d'une plainte émise par un suspect cité dans le dossier *Julie et Mélissa*. Les parents Lejeune et Russo se seraient rendus à son domicile pour l'interroger et... *perquisitionner*. Ils auraient été jusqu'à le frapper et se seraient emparés d'un lot de photos. Dérapage inacceptable? Ou geste de désespoir face à l'indifférence, à l'incompétence?

Laetitia

Le mercredi 7 août, une camionnette blanche, une Renault, erre depuis la frontière française jusqu'à Bertrix, une petite ville des Ardennes belges, au sud du pays. Elle finit par stationner devant le complexe sportif local. A l'intérieur, deux hommes, qui observent longuement les jeunes filles qui sortent de la piscine communale.

Deux jours plus tard, la même camionnette se trouve parquée aux alentours immédiats du complexe. A l'intérieur, les loups Dutroux et Lelièvre. Après avoir repéré les lieux, ils s'apprêtent à passer à l'action.

Le moteur tourne, le véhicule est garé à moitié sur le trottoir, la porte coulissante se présente côté maisons.

Un coup de gong à la piscine. L'heure de se rhabiller. Les 21 h approchent. Et la nuit. Une nuit oppressante, tant la chaleur est encore accablante.

Dutroux est sorti, il fait mine de se balader mais demeure à proximité de sa Renault.

Devant le complexe, une jeune fille apparaît. Quatorze ans, des cheveux blonds, un short à fleurs et un T-shirt à manches courtes, une perle dans une oreille.

Au poste de conducteur, Lelièvre jette un coup d'œil dans le rétroviseur et observe le signal de son complice et maître. Elle lui plaît. L'âge, sans doute, l'allure juvénile, un brin sexy.

Lelièvre a baissé la vitre et demande à la passante ce qui se passe sur la Grand-Place. La fille regarde le jeune homme et sa mine peu engageante, peu soignée. Sur ses gardes, elle lui répond. *Les vingt-quatre heures de mobylette, naturellement.* L'autre fait comme s'il n'avait rien entendu ni rien compris. Elle va répéter quand Dutroux jaillit par derrière et l'empoigne par le cou. Elle voudrait crier, mais la main du moustachu l'en empêche. Et la voilà projetée à l'arrière du véhicule, sur un matelas de fortune.

Un moment d'horreur totale, de silence mortel. Puis l'étreinte se desserre. On ne l'a pas tuée, on lui parle. *Si tu fais ce que je te dis, il ne t'arrivera rien.* Tandis que Lelièvre suit les événements depuis le rétroviseur, Dutroux lui demande si elle aime les garçons. *Je ne me trouve pas jolie*, lâche la blonde d'une voix blanche. *Je te trouve superbe*, répond le moustachu, *super*.

La camionnette a démarré. Dutroux ordonne à la fille d'ingurgiter le contenu d'une bouteille de pharmacie. Elle rejette le liquide sur le matelas. L'autre l'a remarqué et lui fait prendre de force une série de pilules. Elle les recrache, terrifiée.

Pour la rassurer, Dutroux s'empare des médicaments et les absorbe. *Cela ne me fait rien*, déclare-t-il triomphant, *je suis costaud.* Puis il éclate de rire. Un rire étrange, cadenassé.

Ensuite, Dutroux prend une seconde tablette et repasse à l'offensive, lui fait avaler l'une ou l'autre pilule. La résistance de la fille diminue. Il attrape la bouteille qui contient le Rohypnol et la force à boire. Elle glisse dans le néant. Avant de sombrer, elle l'entend lui demander son nom, elle s'entend lui répondre, presque malgré elle. *Laetitia.*

Où est Laetitia ?

Vers 22 h 30, la mère de Laetitia, Mme Delhez, ne tient plus en place. Sa fille Gaëlle et son petit ami sont rentrés de la piscine et se sont étonnés. Laetitia, pressée, ne les avait pas attendus. Où est-elle passée? Ce n'est pas son genre de traîner ainsi.

Angoissée, la mère téléphone à son ex-mari, qui refait le trajet de sa fille.

A quelques mètres de la piscine, la Grand-Place est très animée. Le vendredi, les vacances. Laetitia aurait-elle rencontré une connaissance et... Non, personne ne l'a aperçue.

Il faudra bientôt se rendre à l'évidence. Après Julie et Mélissa, après An et Eefje, après Sabine, Laetitia a disparu.

Et la procédure habituelle de se mettre en branle. L'association bénévole *Marc et Corinne* et ses affiches, ses conseils. La descente de la Cellule Nationale des Disparitions. Et une nouvelle enquête qui se déploie.

On interroge les riverains, on fouille les environs, on se préoccupe de la proximité de l'autoroute.

Au début juillet, au Coq, on découvre le cadavre d'une jeune Allemande, tuée à coups de couteau et étranglée. Le Coq? Une station balnéaire si proche du lieu de disparition d'An et Eefje...

En Belgique, l'inquiétude et l'horreur atteignent des sommets inusités. Une certaine idée de la réalité nationale est en train de disparaître.

Et la justice?

Peu avant d'affronter une nouvelle vague de disparitions, la justice belge paraissait assoupie. Et il avait fallu la préparation d'une émission télévisée française (*Témoin n° 1*, sur TF1) pour la voir réagir à la suite des investigations et des questions des journalistes étrangers.

C'est que la chaîne privée, l'une des plus populaires

d'Europe, risquait de donner du retentissement au tragique fait divers.

Pourtant, la juge Doutrèwe, dont on ignorait encore la maladie, avait tenu à rester à l'écart, déléguant une assistante qui faisait le point.

On suivait trois pistes.

Un. Une note bizarre dans le journal de classe de Mélissa. *Julie, 17 h, on nira au manaige...* D'autant plus bizarre qu'il ne s'agit pas de l'écriture de la petite.

Deux. Une lettre anonyme d'un assassin revendiquant son crime. Un émule épistolaire de Jack l'Eventreur ?

Trois. Un réseau de pédophiles.

Des pistes qui laissent songeur quand on se souvient des démarches du prisonnier Feron... condamné au silence alors que...

Mais de celui-là, on ne parlait pas. Pas encore. Comme on ne cherchait pas à mettre la main sur le fameux K.B. si aisément identifiable (l'accent germanique et une bague à initiales).

La justice en était là, à *patiner dans la semoule*, quand, le 3 mai, le petit Liam Van Den Branden avait disparu à son tour, à Malines, en région flamande.

Et puis Sabine. Et puis Laetitia.

Cette fois...

Mais ne concluons aucun amalgame. A tout moment, il y a des hommes qui font leur métier avec application et courage, parfois avec passion, parfois avec un supplément d'âme qui les élève au-dessus de la mêlée.

Ainsi, en juin, à Louvain (en Flandre), le juge d'instruction Decoux, loin de se confiner à sa région comme la Liégeoise Doutrèwe, compare les données de plusieurs affaires (neuf disparitions mystérieuses en cinq ans, le plus souvent à proximité de la trop fameuse

E-42) et observe des convergences évidentes. Comme il le déclarera à une journaliste, *quelque chose ou quelqu'un est à l'œuvre en Belgique.*

Quant à la Cellule Nationale des Disparitions, elle essaie de remplir son office. Tant bien que mal. Car il apparaît que la Belgique a accumulé un certain retard (pour ne pas dire plus) par rapport aux techniques d'investigations les plus modernes. Qu'à Dieu ne plaise. Pleins de bonne volonté, nos gendarmes se rendent aux Etats-Unis et découvrent l'unité spéciale du FBI qui partage leur combat contre les serial killers et les disparitions d'enfants.

De retour en Belgique, ils passent aux travaux pratiques et appliquent au cas *Sabine* une de leurs techniques importées, le *roadblock*, qui consiste à interpeller au même moment tous ceux qui passent à proximité de l'endroit d'une disparition et à recueillir des informations tous azimuts. Sans grand succès, pour cette première.

Et puis applaudissons les efforts du policier Christian Dubois (du SGAP), qui expédie un fax à la cellule *Julie et Mélissa* pour évoquer les Mercedes blanches et la possibilité d'un réseau pédophile.

Une démarche qui ne recueille aucun écho. Pourquoi?

Les parents, 8

Les Russo et les Lejeune, un an après le drame qui les a frappés, interpellent la justice en lui envoyant un questionnaire qui la place face à ses responsabilités, à ses errements. Cinquante-huit points peaufinés par leur avocat. Comment justifier, par exemple, la succession de cinq juges en l'absence de la titulaire, un handicap insurmontable ? Ou le fait que les chambres de Julie et de Mélissa n'aient été fouillées que huit jours après la disparition des fillettes ? Pourquoi n'a-t-on pas mis leur téléphone sous surveillance ? Pourquoi l'enquête de voisinage a-t-elle démarré si tard ? Etc.

Bizarrement, acculée, la juge Doutrèwe choisit ce moment pour enfin réaliser la portée de l'information qu'elle détient depuis... un an. Et la voilà qui ordonne la diffusion du signalement du mystérieux K.B. dénoncé par le pédophile incarcéré Feron. Mieux vaut tard que jamais ? Pas sûr, hélas...

Témoignages, 4

Le vendredi 9 août, une religieuse d'un home de Bertrix a noté le manège d'une camionnette proche de la piscine. Une Renault crème. Fort sale. Qui faisait pas mal de bruit. Un échappement défectueux. Qui a attiré l'attention d'un second témoin, un jeune homme, qui effectue des études d'ingénieur. Celui-ci a reconnu le véhicule qu'on avait garé sur son trottoir une semaine plus tôt. Et, sa commune ayant été le théâtre de plusieurs cambriolages, il a tenté de mémoriser la plaque. A tout hasard. Les lettres *FFR*, qui lui rappellent Frédérique, sa petite amie. Les chiffres *6*, *9* et... Un *2* ou un *7* ?

Lors de l'enquête de voisinage, l'aspirant-ingénieur évoque le véhicule et se voit convoquer à la brigade pour une déposition écrite.

Il y passe. Pure routine. Pour lui comme pour les gendarmes.

Une leçon d'efficacité

Quand Albert Priem, de la Cellule Nationale des Disparitions, reçoit ces renseignements, il informe aussitôt son QG. Son collègue Guido Van Rillaer l'écoute avec attention. Et si l'on demandait un déchiffrement de la plaque à Bruxelles ? N'ont-ils pas une marque et plusieurs lettres et chiffres ?

Après des heures d'efforts, une combinaison fait réagir l'ordinateur de la Direction de l'Immatriculation. Une fiche émerge. Celle de Marc Dutroux !

Or ce nom est loin d'être inconnu à l'oreille de Van Rillaer. Un coup d'œil dans la mémoire de l'ordinateur du BCR. Le grand frisson. Dutroux est en liberté conditionnelle... après avoir été condamné pour une série d'enlèvements et d'agressions... et pour des viols sur mineures !

Bref, un suspect 4 étoiles ! Si l'on peut dire.

Le lundi 12 août, le procureur du roi de Neufchâteau (l'arrondissement judiciaire dont dépend Bertrix), un certain Michel Bourlet (dont on n'a pas fini de parler) informe le juge d'instruction Jean-Marc Connerotte (idem) qui envoie des hommes surveiller ledit Dutroux et recueillir un maximum d'informations. Ses domiciles sont localisés et espionnés, ses relations avec Lelièvre ou Weinstein analysées. Un Weinstein qui n'a plus donné signe de vie depuis novembre 1995.

Le 13, à 14 h, les enquêteurs de Charleroi, avertis de la présence de la Renault blanche, font irruption dans la fermette de Sars-la-Buissière et appréhendent Marc Dutroux et Michelle Martin en présence de leurs trois enfants.

La petite Céline, âgée de quelques mois, sera confiée à un hôpital tandis que les deux garçons seront conduits chez leur grand-mère maternelle. En attendant de se retrouver en maison d'accueil. Victimes innocentes supplémentaires d'un drame qui n'a pas fini de les bouleverser, de les poursuivre, de les remodeler.

C'est ensuite au tour de Marchienne et de Lelièvre de voir débarquer les forces de l'ordre. Menottes, arrestation.

Puis c'est Marcinelle. La maison de l'horreur, de la cage. Trente enquêteurs y déambulent à travers un bric-à-brac inimaginable. Trente ! Avec le soutien d'un labo PJ et de chiens pisteurs. La cave, qui inspire tant de soupçons, est passée au crible. Rien. La cage serait-elle vide ? Mais alors...

En fait, la cage échappe aux hommes et au chien. Sous l'œil goguenard d'un Dutroux maître de ses émotions. Et qui proclame son innocence. Il est vrai qu'une armée d'enquêteurs a retourné toutes ses demeures sans le moindre succès. Un gigantesque malentendu ?

Emmené à la caserne de la gendarmerie de Neufchâteau, Dutroux pavoise presque. Il se sent fort, très fort, invincible. Les autres ne tireront rien de l'examen de la Renault. Non. Et Minou ne parlera pas. Un mauvais moment à passer puis ses enfants hâteront sa libération...

On l'interroge. On a remarqué la présence singulière de chaînes et de menottes, de cadenas. Et puis il y a un mannequin en fil de fer, avec des vêtements trop petits pour ses garçons et trop grands pour son bébé. Des vêtements de filles ! Trouvés à Marcinelle ! Qu'est-ce à dire ?

Déstabilisé par l'arrivée de son complice Lelièvre, dont la résistance à la pression ne lui inspire aucune confiance, Dutroux perd de sa superbe, commence à s'énerver, à se plaindre.

Quand on parle de le transférer à Namur, Dutroux

s'effondre. Les gendarmes le laissent encore un peu mijoter. Puis l'un d'eux joue la carte de la vanité et le flatte. Et soudain…

Dutroux s'est calmé et a repris une contenance. Comme pour un examen, un entretien d'embauche. Une lueur étrange illumine ses prunelles. Il ouvre la bouche, il parle : *Je vais vous donner deux filles. Vivantes.*

Dans la cage de Marcinelle, deux jeunes filles se sont redressées, alertées par un brouhaha, des éclats de voix. On vient. Pour elles ? Pour… le «truc» ?

Un bruit derrière la cloison. Les pots de Miracoli qu'on enlève. Derrière, l'étagère, entre les blocs de béton. Elle bascule.

Les filles retiennent leur souffle. Puis elles se mettent à crier, à appeler à l'aide.

Chapitre VI

La descente aux Enfers

La libération

Le 15 août 1996, en fin d'après-midi, les enquêteurs se trouvent à nouveau à Marcinelle. Sans grand espoir. Pourtant, l'autre, le moustachu, est formel.

Les gendarmes arrachent les scellés, laissent Dutroux les guider. Il a enfilé ses pantoufles et descend dans la cave. Le bric-à-brac. Déjà retourné dans tous les sens. Que va-t-il donc inventer ?

Le voilà qui s'arrête devant une étagère, coincée entre d'intransportables blocs de béton, où s'entassent des conserves de Miracoli. Devant des enquêteurs éberlués, il se met à les enlever méthodiquement, puis fait basculer le meuble rudimentaire.

Le miracle. Des cris. Des cris de jeunes filles qui jaillissent du néant. Comme de l'intérieur des murs ou du sol. Un film fantastique. Ces productions anglaises *Hammer* des années 1960, où des morts ressuscitent, des pierres tombales chavirent, des voix sépulcrales chevrotent.

Fier et glacé, des allures de savant fou au moment de la mise en marche d'une machine infernale, Dutroux a ouvert la bouche. Pour annoncer qu'il ne faut pas avoir peur, qu'il amène des *flics*.

La porte de la cage s'est ouverte et les *oiseaux* se précipitent à l'extérieur. Sabine Dardenne et Laetitia Delhez ! Vivantes !

L'émotion submerge les enquêteurs. Certains pleurent, contemplent au ralenti la scène qu'ils fixeront sur le DVD mental de leurs souvenirs. Les filles, elles, ne se jettent pas dans leurs bras. Elles observent, entre soupçon et espoir. Puis elles se dirigent vers le monstre... et l'embrassent sur la joue. Le syndrome de Stockholm?

Un psychologue est prêt à les soutenir.

Elles craquent. Larmes puis rires. En cascade.

On se quitte enfin. Embrassades intenses, serments d'amitié. Direction: les familles respectives.

L'histoire de Sabine et de Laetitia

Quand les deux jeunes filles auront recouvré leurs esprits et été interrogées par les enquêteurs, la société belge abasourdie découvrira le récit de leur aventure. *Le Petit Chaperon Rouge*... en vrai.

A en croire Dutroux, il aurait enlevé Sabine pour s'offrir une histoire d'amour hors du temps et des lois sociales. Un autre monde, où il aurait été amant et père, professeur écouté et respecté, le centre de toute l'attention, la figure de l'Autorité et de l'Amour. Il n'aurait même pas eu le choix. C'était ça ou... le suicide. Or il devait songer à sa femme et à ses enfants.

Quant à Laetitia, elle n'aurait été kidnappée sans autre but que de satisfaire Sabine qui se languissait sans compagne de son âge. Et de fait, celle-ci reconnaîtra s'être plainte à Dutroux et donc se sentir responsable des mésaventures de sa compagne.

Dutroux qui enlève dans l'intérêt de sa femme et de ses enfants, puis de Sabine. Beau culot! Hallucinant!

Sabine a passé deux mois et demi seule avec l'ogre. Qui lui disait que ses parents se désintéressaient de son sort et lui racontait même leurs occupations. Pour se l'approprier plus complètement.

Puis Laetitia est arrivée. Un joujou pour Sabine? Elle lui a pourtant révélé l'envers du décor et la vérité. Non seulement ses parents ne l'avaient pas abandonnée, mais ils avaient inondé le pays d'affiches, la Belgique entière se préoccupait de son sort.

Une vie à trois, singulière. Avec de nouvelles habitudes. Marc qui cuisine. Plutôt mal. Les filles qui lui font du café. La nécessité de ne pas le brusquer, le contredire. La prise de vitamines, obligée. Des bains de soleil, sous la tabatière du grenier, pour rehausser leur teint et les garder en bonne santé. Des menaces aussi: si elles tentent de s'échapper, ses amis les tueront. Quels amis?

Sabine a montré à sa nouvelle copine le sac à dos de son ancienne vie. Ses affaires scolaires. Un cahier de brouillon d'abord dévolu à des verbes néerlandais (des devoirs soignés) puis l'irruption de son journal, à partir de son enlèvement du 28 mai. Laetitia l'interroge. *Et ces signes?* Sabine, d'une voix blanche, a expliqué que les petites croix symbolisaient le *truc*. Le truc? Laetitia ne comprend pas tout de suite, mais ça viendra.

Le journal de Sabine. Ou les heurs et malheurs d'une fillette aux prises avec un monstre qui se donne des allures respectables. De petites croix. Et de grandes croix, aussi. Quand le *truc* dépasse la mesure, quand...

Sabine aurait pu haïr Dutroux, mais c'est un manipulateur habile qui tourne sa colère contre ses parents ou la convainc qu'elle s'en sort bien, qu'il l'aime et la protège contre son patron, ses acolytes. Une tactique payante.

Laetitia, à son tour, s'est adaptée, a appris. Par exemple à se baigner en compagnie de Marc. Ou à prendre des pilules contraceptives périmées. A supporter une douloureuse chaîne autour du cou ou à plonger dans les brouillards du Rohypnol.

Les parents, 9

Tandis que la foule et les caméras font le siège devant les demeures des Delhez et des Dardenne, tandis qu'à l'abri des murs, les retrouvailles battent leur plein, et la joie, l'exubérance, à l'autre bout du pays, des parents sont eux aussi bouleversés. Ceux des autres disparues, les Marchal et Lambrecks, les Russo et les Lejeune. Et d'autres encore, beaucoup d'autres...

Sans doute la plupart se réjouissent-ils sincèrement de la libération des deux jeunes filles. Oui, mais comment ne pas penser aux leurs ?

Ce soir-là, Gino, le père de Mélissa, vient aux nouvelles. Un coup de fil à la rédaction d'un journal. *Et nos filles ?*

Hélas, il n'y a rien d'autre à attendre de Dutroux, pour l'heure. Il faut espérer. Encore et toujours. Demeurer suspendu aux révélations d'un ogre.

Dutroux parle, 1

Dutroux se donne de plus en plus le beau rôle. Il soignait bien les filles. Et puis ne les a-t-il pas protégées de Lelièvre ? Celui-ci ne voulait participer à des enlèvements qu'à la condition expresse d'éliminer ensuite la *chair consommée.* Ainsi le gentil Marc avait-il dû jurer s'être débarrassé de Sabine pour pouvoir enlever Laetitia.

...et fait parler

Maintenant que le monstre est sous les verrous, curieusement, les langues se délient et les dossiers s'ouvrent. Rapports d'observation ou de fouilles, témoignages, mise en évidence de ses antécédents.

Dans la foulée, ses propriétés sont l'objet de... dizaines de perquisitions.

Les héros de Neufchâteau, eux, continuent sur leur lancée. Le juge Connerotte, par exemple, crée une cellule où des hommes de la PJ travailleront avec des gendarmes du BCR.

La situation de Dutroux se précise et sidère. Mis en incapacité de travail, alors qu'une des conditions de sa libération était de pouvoir se réinsérer (!), il touche, avec sa femme, 87 500 FB (près de 2250 euros) d'allocations sociales. Le couple est propriétaire de... neuf maisons et... d'une dizaine de véhicules (moto, camion, remorques, caravane, etc). Une situation surréaliste.

Dans la propriété de Jumet, l'on a découvert... cinq cents vidéocassettes. Du cinéma filmé par Dutroux lui-même. Aussi maladroit que pathétique. Poses suggestives de Michelle Martin, zooms sur des parties de son anatomie, etc.

D'autres filles apparaissent. Frémissement des enquêteurs. Mais non. Pas d'An ni d'Eefje. Non, des copines slovaques de Dutroux, venues le visiter en Belgique de leur plein gré.

Dans l'affligeant magma, l'on finit par dénicher des scènes plus troublantes. A proximité d'un célèbre parc slovaque, notre *cinéaste* invite des mineures à adopter des positions provocantes. Il y a des séquences belges ou françaises aussi, des voisins, des plaisanciers sur les plages, des mineures encore, dont il filmait la nudité à leur insu.

Il y a pire. Trois séquences insérées au milieu de films classiques, très éloignées des possibilités du cinéaste Dutroux. L'on y voit des adultes abuser de fillettes, un garçonnet battu violemment. Qui sont ces adultes dont le visage n'apparaît pas? Qui sont ces adolescentes qui ne ressemblent pas aux disparues? Qui, où, comment? Cinéma trash ou...? Les *snuff movies* ne seraient donc pas une légende?

Connerotte envisage la piste d'un réseau pédophile et se penche sur une série d'affaires non élucidées. Effaré, il observe que dix femmes, au moins, ont été massacrées dans la région du Grand Charleroi entre 1989 et 1996.

Des analyses génétiques, à partir de prélèvements dans les maisons de Dutroux, apporteront-elles un éclairage nouveau sur tous ces mystères? N'en est-on encore qu'aux balbutiements de l'enquête? Se dirige-t-on vers la mise à jour d'un monde infernal?

Un coup de tonnerre. Les experts ont identifié un cheveu d'après son ADN. Il appartient à... Eefje!

Michel Lelièvre craque et avoue avoir enlevé les deux Flamandes en compagnie de Dutroux, à bord d'une Citroën CX.

L'horreur, 1

On découvre la CX derrière la ferme de Sars, on la passe au crible.

Bingo! Le pare-brise est couvert des empreintes digitales d'une des adolescentes, empreintes que l'on retrouvera dans la maison de Marcinelle.

Que sont devenues les filles? Lelièvre se tait. Comme son chef.

En utilisant une vieille excavatrice appartenant à Dutroux, l'on se met à creuser dans le jardin situé à l'arrière de la ferme. Ou l'on promène des chiens renifleurs. Rien.

Le 17 août, l'on fait venir Dutroux lui-même. Dans un hélicoptère, pour prévenir les réactions de la population. Quand il atterrit, il a le visage couvert d'une capuche en tissu. Un avatar ignoble du *Masque de fer*?

Lui, froid, indifférent, se promène sur ses terres comme un maître, un donneur de leçons. Il irrite mais on a besoin de sa collaboration. Alors, on se tient coi. Soudain, il conseille d'essayer à un endroit précis. Comme si, bon prince, il faisait un cadeau aux gendarmes. Des gendarmes qui auraient donné leur langue au chat. Ou au loup.

On creuse. Encore. Il est 16 h.

Sous la pelle, là… deux sacs-poubelles gris.

L'horreur. Des visages qui se détournent.

A l'intérieur, deux corps. Menus. Ligotés les mains dans le dos.

Le cœur de la Belgique s'est arrêté.

Les cadavres ont été confiés à des anatomistes qui les identifient rapidement. Il s'agit de Julie Lejeune et de Mélissa Russo.

L'horreur, 2

Pendant ce temps-là, des chiens hollandais (des spécialistes de la mise à jour des cadavres) et allemands (des champions de la détection des odeurs humaines) aboient à tout rompre. On dirige l'excavatrice vers l'endroit suspect et on se remet à creuser.

Tension.

Un troisième corps, plus imposant, dont l'état de décomposition est bien plus avancé.

Weinstein ! Le complice de Dutroux.

Bévues et boulettes, 8

Pendant l'autopsie des enfants, la juge Doutrèwe a tenu à être présente.

Que pense-t-elle quand on lui explique que la mort, survenue vers mars ou avril 1996, est due à un long épuisement (la faim) ou aux suites de blessures (l'inconfort de leur position dans la cage ou des viols répétés) ?

Que pense-t-elle quand l'adjudant-chef de Grâce-Hollogne glisse sous son nez des documents relatifs à l'opération *Othello* ?

Nous ne savons pas ce qu'elle pense mais bien ce qu'elle dit alors : elle n'était pas au courant !

Les parents, 10

A 19 h 30, une voiture blindée déboule dans Crotteux. Une voiture avec chauffeur. A son bord, une matrone en tailleur. Anne Thily, ci-devant procureur général de Liège.

Quand elle s'en retourne, une demi-heure plus tard, Gino Russo a la force de la suivre sur le seuil de sa maison. Et, muet, le cœur brisé, il appose une affiche sur sa porte : *Monsieur le ministre Wathelet, avez-vous la conscience en paix ?*

L'horreur, 3

Le 3 septembre, à 4h du matin, un hélicoptère dépose Dutroux sur sa propriété de Jumet. Les voisins, réveillés, observent une scène surréaliste. Le monstre qui se balade insouciant, arpentant le cimetière de voitures de Weinstein entre des nuées d'enquêteurs. Que se passe-t-il?

La nuit précédente, Dutroux a affronté des enquêteurs du FBI (l'unité spéciale de recherche des enfants et des serial killers), parvenant presque à leur faire perdre leur sang-froid mais, au bout du combat psychologique, le moustachu a craqué. C'est-à-dire accepté de collaborer, de *donner encore quelque chose*. Mais il a exigé de pouvoir se rendre sur place. Bref, de diriger les opérations.

Sur le terrain, Dutroux, en pantoufles, donne ses instructions avec une autorité glacée, n'hésitant pas à invectiver grossièrement ceux qui fouillent: *Tu veux que je te mette une fusée au cul?*

Il finit par préciser divers emplacements où l'on s'empresse de poser des bâtonnets fluorescents. Il en a terminé. On le reconduit à l'hélicoptère et, tel une pointure du milieu des affaires, une star de la jet set, le monstre de Charleroi s'envole vers ses quartiers d'Arlon, au sud du pays, à proximité du Luxembourg.

Ce matin-là, cuisinée à son tour, Michelle Martin laisse entendre qu'An et Eefje pourraient avoir été enterrées sous un hangar.

Vers midi, le journal *Le Soir* publie les aveux de Martin, confirmés par la justice, et annonce que les cartes dentaires de diverses disparues sont parvenues à Jumet.

Sur le terrain, on s'active tant et plus. Un expert renifleur hollandais, surnommé *le Nez*, qui s'est distingué en mettant à jour les charniers de Vukovar, est même arrivé en renfort. Comme un superintendant écossais de Scotland Yard, accouru avec le radar (réagissant à la chaleur) qui a participé aux fouilles de Gloucester, dans l'affaire de *La Maison de l'Horreur* des époux West (qui ont tué dix femmes, dont leur propre fille, entre 1973 et 1987).

Si la situation n'était si tragique, on évoquerait une superproduction hollywoodienne avec toutes les stars mondiales de la profession. Comme si l'on affrontait l'affaire du siècle. Un extraordinaire paradoxe après l'amateurisme inimaginable de l'enquête menée par Liège et Charleroi. L'image s'impose à nous, puis se dissipe dans les brumes du désespoir, de la colère, de la tristesse.

Retour à Jumet.

L'excavatrice travaille méticuleusement, avec une pelle plate et sans dents.

Retour à l'imagerie hollywoodienne, et à la nausée. Autour du terrain, une foule de curieux et la presse internationale. Des voisins ont profité de l'aubaine pour… louer des emplacements à très haut prix (jusqu'à 25 000 FB, soit près de 600 euros). Et l'on paie, car les photographes savent qu'ils peuvent décrocher le gros lot (dans les 500 000 FB ?).

Dans le ciel même, le vol des charognards, plus ignoble encore, des hélicoptères affrétés par des paparazzi en attente du cliché du siècle. Quitte à gêner le Puma de la gendarmerie.

Cruelle image, monstrueux ballet qui nous montre les limites du progrès. Car, en regard des fabuleux développements de la technologie, qu'en est-il de l'âme humaine ? A-t-elle évolué depuis cette époque atroce où la foule applaudissait la mise à mort des gladiateurs ou des sorcières ?

Miroir, mon beau miroir... dis-nous qui nous sommes ?

Angoisse mortelle pour An et Eefje ! a titré un journal.

A Jumet, *le Nez* enlève des éclats de béton. Puis il exhume des ossements. Humains.

La scène est filmée par un amateur, la cassette circule rapidement, pour un billet de... mille francs. Elle atterrit à la télévision publique belge qui nous sert la séquence comme déjeuner.

Une carte dentaire rend son verdict. An est identifiée.

On retrouve une montre. Qui appartient... Qui appartenait à Eefje.

An et Eefje.

Comment sont-elles mortes ? Peu de temps après leur enlèvement. An a-t-elle été empoisonnée ? On retrouve une tablette entière de Rohypnol dans son œsophage. Suffisant pour la tuer ? Et Eefje ? On ne sait pas. En tous les cas, les deux jeunes filles avaient été ligotées au moyen d'un papier collant isolant. Ligotées et bâillonnées. Enterrées vives ?

Julie et Mélissa, An et Eefje.

La Belgique est tombée au fond d'un trou noir, abyssal.

La messe blanche

Le jeudi 22 août, à 11 h, dans la basilique Saint-Martin, à Liège, le prêtre-ouvrier Gaston Schoonbroodt, très ému, préside les funérailles de Julie et de Mélissa. L'ami des parents tente de répondre au sens de leur épreuve et élabore avec humanité un message d'espoir. Que les fillettes soient le flambeau qui guidera la population belge vers une vie sociale plus solidaire, plus morale.

Le *mouvement blanc* s'étend sur la Belgique. La participation à un gigantesque deuil national, l'aspiration à un nouvel ordre des choses, à la construction d'une société fondée sur d'autres valeurs. Un rêve éveillé, pour balayer les cauchemars qui ravagent les esprits. Une utopie.

Partout, ce sont des crêpes immaculés qui disent la douleur ou des affiches qui crient la révolte et l'indignation.

A Namur, dans l'ancienne forteresse du XIXe siècle, une prisonnière réclame ses calmants. Avec son regard de chien perdu, battu, qui émerge de sous sa frange blonde, on la prendrait aisément en pitié.

Si du moins l'on ne savait pas. Car elle, c'est la sorcière, le monstre qui a laissé mourir Julie et Mélissa.

Elle a peur, Michelle. A son tour. Elle a très peur, même, car deux filles, déjà, s'en sont prises à elle.

On avait pris des mesures, pourtant. Douche en dehors des heures, par exemple. Mais ça ne les a pas arrêtées. Elles s'étaient cachées. Deux. Qui lui sont tombées dessus à l'improviste et l'ont rossée.

Un coup monté? A qui se fier? Peut-on encore avoir des amies quand on est la femme du monstre.

Il reste la télévision. Pas les informations, qui la terrifient. Les feuilletons. De belles histoires. Avec de l'amour.

L'amour. Oui, c'est ça son excuse. Elle a fait tout ça par amour.

Marc. Elle l'a aimé. Quitte à tout supporter. Mais aujourd'hui... C'est à cause de lui qu'on lui a enlevé ses enfants. Ses enfants qu'elle adore. Alors elle doit choisir. Elle a choisi.

Et tant pis si l'autre ne lui pardonne pas, tant pis s'il ne veut plus la voir, s'il la menace, s'il la tue.

Nous a-t-il seulement aimés, celui-là? N'avait-il pas une famille quand ça l'arrangeait? Car il n'hésitait jamais à les éloigner, à se débarrasser d'eux. Pis: il se cherchait des familles de substitution. Julie et Mélissa, les Slovaques, Sabine... Ne l'a-t-il finalement épousée que parce qu'elle... le servait bien?

Chapitre VII

Où l'on complète le puzzle et s'interroge

Dutroux parle, 2

A l'en croire, Dutroux aurait noué les mêmes relations avec Julie et Mélissa qu'avec Sabine et Laetitia. Ce rôle de père/amant autoritaire en dehors des règles du monde extérieur. Il ne leur voulait pas de mal. Dit-il.

Son arrestation aurait été une catastrophe, car il ne pouvait plus s'occuper des fillettes. Il aurait chargé Weinstein et Lelièvre de les approvisionner en son absence, mais ceux-ci auraient négligé leurs devoirs.

En sortant de prison, le 20 mars 1996, il aurait découvert avec horreur Julie morte d'inanition et Mélissa en piteux état. Il aurait aussitôt couru d'une pharmacie à l'autre pour lui fournir des vitamines. En vain. Malgré tous ses efforts, elle n'aurait pas survécu elle non plus.

La tristesse aurait cédé la place à la colère, à la révolte, au désir de vengeance. Raison pour laquelle il aurait tué Weinstein, *son meilleur ami.*

Commentaires, 3

Dutroux ment. Pourquoi aurait-il tué l'un mais pas l'autre? De toute manière, l'autopsie de Weinstein a révélé qu'il est mort en novembre 1995... soit quatre ou cinq mois avant les petites Liégeoises.

D'ailleurs, que dit son épouse ? Il l'avait chargée de l'approvisionnement des petites. Pendant un mois, elle en a été empêchée par la pose de scellés. Puis, quand elle a pu retourner à Marcinelle, elle a désobéi et le lui a caché. Pourquoi ? Parce qu'elle avait peur de descendre à la cave. Dans cette cave-là. Tellement peur même de l'endroit qu'elle a transféré ses chiens vers la ferme de Sars, pour les nourrir plus régulièrement.

Les chiens. Mais pas Julie et Mélissa. Aux psychiatres de trancher. Quoique...

Dutroux parle, 3

Quelle que soit la date de l'exécution, Dutroux a donc reconnu avoir liquidé Weinstein. Comment ? Il l'a d'abord séquestré dans la cave de Marcinelle (ce qui a poussé Julie et Mélissa vers la chambre aux dinosaures) avant de lui offrir une tartine au Rohypnol qui l'a plongé dans le brouillard. Il l'a alors embarqué dans sa camionnette blanche et conduit à Sars. Un beau trou creusé à l'aide de l'excavatrice Bobcat, au fond du jardin. Hop ! Enterré vivant !

Commentaires, 4

Pourquoi s'être débarrassé de Weinstein, si ce n'est pas pour venger les fillettes ? Parce qu'il lui attirait des ennuis. Parce qu'on ne pouvait pas compter sur lui, ce qu'avait prouvé le rapt raté des ferrailleurs. Ou parce qu'il avait mal *géré* le dossier An et Eefje. N'avait pas pu les cacher. Ni les faire disparaître.

An et Eefje. Droguées et enterrées vives ? Parce que

Dutroux ne savait plus où les caser en toute sécurité? Ou alors c'est Weinstein, et Dutroux ne l'a pas supporté? Lelièvre, lui, a un alibi, car il était à l'étranger.

Le caractère de Dutroux

Ce n'est pas l'un de ces serial killers à l'américaine qui tuent par plaisir, sur une impulsion soudaine. Non, c'est un égocentrique pathologique, qui recherche des expériences sexuelles et même... familiales. Il n'en est pas moins excessivement dangereux, parce qu'il ne tient aucun compte de la douleur d'autrui et peut tuer, sans remords, si cela sert ses intérêts. Lâchement (le Rohypnol !).

Un être froid et méprisant, mesquin, avare, à tel point avare qu'il rogne sur la lumière ou le chauffage dont ses captives ont besoin. Ou sur la nourriture de sa famille. Une famille qui n'a pas le droit de partager ses vacances à l'Est.

Un manipulateur d'envergure et sans conscience qui se joue des assistantes sociales ou des médecins qui le contrôlent. Qui dirige son monde (femme et enfants, comparses, prisonnières) d'une main de fer. Ou qui n'hésite pas à mentir pour se concilier des faveurs.

Un menteur qui ne supporte pas... qu'on lui mente.

Un type intelligent et cultivé, jusqu'à un certain point, qui lit régulièrement *Science et Vie*, qui maîtrise si bien la grammaire qu'il corrige les textes qu'on lui présente en prison.

Un être complexé qui n'est à l'aise que dans le rôle du dominant non contesté, celui qui organise, planifie. Qui ne supporte pas l'imprévu, l'intervention extérieure.

La cage

La cache de Marcinelle est à la mesure du bonhomme. Une nature hideuse soigneusement dissimulée. Un mélange d'amateurisme et de perfectionnisme.

Pour assurer la ventilation du lieu, il a percé le plancher du rez-de-chaussée pour y faire passer deux conduits. L'un, plus large, lui sert à communiquer, en cas d'urgence, avec les captives pour les contraindre au silence.

On a vu comment il avait escamoté la *cellule*, mais il a aussi songé à placer du gyproc pour amortir les sons et, pour mieux fondre la plaque dans le mur, il a plâtré celui-ci et a simulé des traces d'humidité sur le *postiche*.

Pour rappel, cette cage de la honte a échappé aux trente enquêteurs qui passaient la demeure au peigne fin.

La libération par Wathelet

Des journalistes se penchent sur la libération conditionnelle de Dutroux, en avril 1992, à la suite de sa troisième demande en grâce.

Pour l'accorder, le ministre de la Justice a besoin de se référer à quatre avis. Quand il consulte le dossier présenté par l'un de ses conseillers, l'avis du procureur général est négatif, comme celui de la commission administrative pénitentiaire. Le directeur de la prison, seul, a émis un avis favorable, et... la quatrième opinion (celle du ministère public) n'apparaît pas. Pourtant, sur la foi d'un seul *Oui*, il signe. Qu'est-ce qui est passé par la tête de Melchior Wathelet ?

A la question, il répondra avoir tranché sur la foi

de... quatre avis positifs. Mensonge ou erreur grossière? Car son calcul intègre comme avis à part entière les trois consultations organisées par le directeur de la prison avant de transmettre son opinion. Des sous-avis, donc.

La conditionnelle

Etre libéré, c'est une chose. Un miracle, en l'occurrence. Mais encore faut-il le rester. Et, pour cela, il faut se plier à diverses conditions. Examinons-les.

Ne pas sombrer dans l'alcoolisme.

Verser un dédommagement mensuel de 1000 FB (25 euros!) à ses victimes.

Eviter tout contact avec des ex-détenus. Or... tous ses amis ont des casiers: Lelièvre, Weinstein...

Ne pas récidiver, bien sûr. Or... sept mois après sa sortie, il se fait interpeller par des policiers communaux pour attouchements sexuels sur des fillettes à la patinoire de Charleroi. Comment a-t-il pu quitter leur combi sans être inquiété? Comment aucune connexion n'a-t-elle été faite avec son casier précédent?

Accepter la guidance d'une assistante sociale et d'un psychiatre, enfin, qui contrôleront sa réintégration. Or... ceux-ci observeront qu'il ne supporte pas le moindre ordre et ne pourra donc travailler pour quelqu'un (il vivra sur ses allocations et ses trafics). Qu'il souffre de dépressions et d'accès de rage, qu'un feu intérieur le possède et l'oblige à éloigner sa famille pour la protéger. Inquiétant, non? On s'apitoie. Plus grave: le docteur qui le suit a déjà... 80 ans. Dépassé par le cas, il semblerait qu'il ait été averti du scandale de la patinoire, mais n'en ait pas informé le parquet, croyant à une persécution de son protégé (hum!). C'est lui aussi qui a prescrit le Rohypnol dont son patient fera l'usage qu'on sait. Quant à l'assistante sociale, elle change d'affectation en avril 1993 et ne sera remplacée qu'... un an plus tard.

La filière tchéco-slovaque

Grâce à son ami Diakostavrianos, nous avons vu que Dutroux avait découvert les pays de l'Est. En fait, il y a trouvé deux points de chute idéaux pour des vacances, Teplice en Tchéquie, et Topolcany, en Slovaquie, de petits villages où le niveau de vie est très bas et où nos deux compères sont accueillis comme des play-boys couverts d'or.

Le paradis sur terre pour Dutroux qui, en payant modérément, peut à peu près tout se permettre. Ainsi fait-il la fête dans les discothèques locales, entouré de jeunes filles aussi appétissantes que peu farouches, qui le trouvent séduisant, amusant, intéressant. Parmi celles-ci, Eva (21 ans), une fille de Topolcany qui travaille en usine et devient sa petite amie régulière.

Durant l'été de 1995, Eva le rejoint en Belgique. Et, pour elle, il délaisse Michelle, bien sûr, mais aussi Julie et Mélissa.

Fin juillet 1996, Eva débarque à nouveau, accompagnée d'une amie, Yanka. Deux poupées en vestes fluo et bermudas, très maquillées. Michelle Martin en a vu d'autres. Elle leur fait un café, présente ses enfants puis... file se réfugier chez sa mère, à Waterloo, car elle devine que Marc a des *projets*.

Comme son fils Frédéric a eu le mauvais goût de demeurer à la maison, Dutroux lui refile un bol de pudding au Rohypnol. Hop ! Dans son lit ! Et le voilà tranquille, notre *loup domestique*.

Mais son besoin de dominer outrageusement la situation ne s'arrête pas là. Les filles l'ont rejoint de leur plein gré mais il se méfie. Pourra-t-il leur faire tout ce dont il rêve ? Aux deux ? Quelques tartines au Rohypnol les plongent elles aussi dans les bras de Morphée.

Il soulève Yanka et la pose sur le lit d'ami. Il ôte ses vêtements, prépare sa caméra à trépied et lance l'enregistrement.

Voilà. C'est fait. On remballe le tout, on passe un pyjama à la fille et on la ramène dans sa chambre.

Le lendemain, Yanka ne se souviendra de rien et Dutroux pourra remettre cela à loisir. Quelles belles vacances en perspective ! Et tout cela avec l'aval de Michelle qui sait apparaître, pour préparer un repas, et s'éclipser tout aussi vite. Quel tact, cette Martin !

Et pendant ce temps-là, c'est Sabine qu'il abandonne fréquemment à son sort, à Marcinelle. Sabine qu'il faut imaginer seule dans cette cage immonde, survivant grâce aux provisions accumulées (sardines, limonade *River*, biscuits militaires). S'appliquant à étudier son néerlandais, à noircir des feuillets d'exercices ou des lettres pour ses parents. Dans quelles conditions morales ? Dans quelles conditions d'hygiène ?

Yanka et Eva fin juillet de 1996 et l'enlèvement de Laetitia début août. Pour distraire Sabine.

Après l'intervention de Neufchâteau et les enquêtes tous azimuts, des hommes sont envoyés en Tchéquie et y découvrent l'envers de la chute du Rideau de fer, ces centaines de prostituées à la dérive qui attendent le bon numéro le long d'une autoroute. Côté slovaque, Interpol transmet quelques rumeurs. Dutroux est suspecté du meurtre d'une Tzigane ou du passage à tabac d'une autochtone, l'amie d'une fille mise enceinte par... Lelièvre. On parle aussi de lui dans une sombre histoire de tentatives d'enlèvements. Des bruits. Sans plus. Mais...

On dit encore que Dutroux voulait acheter dans le pays, s'y installer.

Le loup dans la bergerie.

Une cascade de dysfonctionnements

La Belgique, traumatisée, se passionne pour les tenants et aboutissants des diverses affaires et les médias, les uns par devoir civique, les autres pour profiter de l'aubaine commerciale, fouinent partout, s'interrogent, interrogent.

L'avalanche de bévues et boulettes interpelle. Une collection surréaliste due à la médiocrité humaine et à l'incompétence? Pour d'aucuns, il y a trop de dysfonctionnements pour parler de hasard. Protection. Ou protections. Les mots sont lâchés.

On s'attarde sur le comportement hautain, inhumain de la justice avec les parents.

On s'interroge sur l'opération *Othello* et ce qui pourrait avoir constitué un cavalier seul de la gendarmerie, plus avide de décrocher les palmes du succès que de soulager des victimes. Que s'est-il vraiment dit entre Charleroi et Liège, entre la juge Doutrèwe et les gendarmes Lesage et Gillot? Jusqu'où l'ont-ils tenue éloignée de l'information?

On parle en long et en large des révélations de l'indic Thirault et du pédophile incarcéré Feron, des libérations de Dutroux ou de la descente des gendarmes à Marcinelle, quand Michaux est reparti après avoir entendu des cris d'enfants. De l'inspecteur Zicot, aussi, qui s'occupait de trafics de voitures et pourrait avoir protégé Dutroux.

Prédateur isolé ou réseau?

Dutroux a-t-il agi seul? Non, il avait des comparses, plus ou moins actifs selon les cas. Michelle Martin. Lelièvre et Weinstein, surtout. Diakostavrianos?

Mais, au-delà de ceux-ci?

Dutroux lui-même a rejeté un maximum de responsabilités sur d'autres, sans beaucoup parler cependant. An et Eefje, on les a enlevées pour satisfaire Lelièvre. La mort d'An et d'Eefje, c'est Weinstein. Celles de Julie et de Mélissa? Weinstein et Lelièvre.

Dutroux a conseillé d'aller fouiner du côté de Lelièvre (encore et toujours mais il lui en veut parce que le toxico s'est mis à table) et d'un certain Nihoul. Et d'un garagiste aussi, qui se trouve bientôt arrêté... en compagnie de l'inspecteur de la PJ Zicot et d'un assureur. Parce que Neufchâteau suspecte les trois hommes dans un dossier connexe de trafics de voitures. L'affaire, on le voit, se complexifie.

On cogite devant certains détails de l'affaire.

Une carte bancaire de Dutroux a été trouvée à côté du cadavre d'Eefje. Preuve de sa culpabilité ou, au contraire (car c'est un méticuleux!), démonstration qu'on veut réduire le dossier à sa seule personne?

Les photos Polaroïd d'enfants évoquées par Feron.

Le ballet des Mercedes blanches.

Il y a certaines déclarations, aussi, qui mettent le feu aux poudres... médiatiques. Celles des Lejeune et Russo, selon lesquels Lesage, d'abord aux petits soins, aurait pris ses distances, lâchant que s'il y avait du beau linge dans l'affaire, il n'y toucherait pas... car sa hiérarchie ne le permettrait pas. Ou le célèbre *Si on me laisse faire...* du procureur Bourlet, l'un des héros de Neufchâteau, sur un plateau de télévision.

Mais Sabine et Laetitia, au fond, ces témoins de premier ordre, que disent-elles ? Eh bien, hélas, pas grand-chose. Elles n'ont eu affaire qu'à Dutroux et ont seulement remarqué qu'un prénom était régulièrement cité : Michel(le). Martin, Lelièvre ou... Nihoul ?

Nihoul. Celui-là, il est temps d'en parler, car toute la Belgique, ou presque, soudain, s'est mise à le haïr.

Nihoul

Jean-Michel Nihoul (55 ans), c'est Dutroux qui a lâché son nom. Avant de préciser qu'il lui avait commandé des filles. A ramener de l'Est. Une par une, par sécurité. Mais quel crédit accorder à un manipulateur qui ne cesse de mentir et qui voit en lui un ami du *traître* Lelièvre ?

Quand les enquêteurs ont passé au crible les communications téléphoniques des membres de la bande, son nom s'est pourtant détaché. Durant les heures qui ont précédé le rapt de Laetitia, Nihoul était en contact régulier avec Dutroux.

Cela suffisait pour justifier la descente de la PJ ou déchaîner les passions.

Nihoul. L'homme de l'ombre, le régisseur du réseau ?

Lui, il se défend en prétextant des problèmes de voiture. Il aurait eu une panne et sollicité l'aide du *spécialiste* Dutroux. Un malencontreux hasard ?

Comment avait-il fait sa connaissance ? Un compagnon de son ex-épouse a croisé Lelièvre en prison et l'a pris sous son aile, lui procurant un emploi dans sa station-service. Ce protecteur a ensuite fait appel à Nihoul pour régler les problèmes administratifs du jeune homme. A l'occasion d'une visite, ce dernier a emmené Dutroux.

Un Dutroux que Nihoul n'aurait vu que trois fois, dont une à Sars. Pour des conseils immobiliers.

La PJ fouille l'appartement où il vit en compagnie de Marlène et ne trouve pas grand-chose (trois cassettes érotiques, des... émissions de RTL). Par contre, sa concubine se porte garante pour son alibi. Il était avec elle le jour du rapt de Bertrix. De fait, Nihoul détaille très précisément sa journée, quasi minute par minute. Le matin, il était avec un avocat pour une affaire. Etc. Jusqu'à la soirée, un barbecue chez ledit juriste avec Marlène et... huit autres invités.

Nihoul, à ce moment, prend encore les enquêteurs de haut. Leur conseille la prudence, se vantant d'avoir *le bras long comme le Danube.* Une déclaration qui aura tôt fait de se retourner contre lui et d'alimenter la piste des protections et d'un réseau impliquant de hautes personnalités.

Très vite, la pression se fait forte. Pourquoi ? A côté des premiers indices (un début de piste, sans plus), deux éléments jouent en défaveur de Nihoul.

Le délit de *sale gueule*, disons-le. Principalement dû à la mise en circulation d'une photo qui ne l'avantage pas. Euphémisme. C'est que celle-ci a été prise après 72 h de détention passées sans fermer l'œil ! Car, au naturel, Nihoul est plutôt lourd (dans les 100 kilos) mais n'a pas, pour autant, l'air d'une brute ou d'un obèse. Non, il a une allure de bourgeois bruxellois, d'hommes d'affaires (costume raffiné, mocassins) avec, peut-être, une lueur intrigante dans le regard.

Ensuite, il y a les antécédents du gaillard, son profil. Sur le plan professionnel, l'homme est un touche-à-tout, un magouilleur, qui rend service à droite et escroque à gauche. On le retrouve tantôt maître-huîtrier, tantôt animateur d'une radio libre, quand il ne dirige pas une opération *SOS-Sahel* dont il détourne les fonds récoltés. Sa première femme, avec laquelle il reste en contacts suivis, a été elle-même radiée du barreau.

Sur le plan personnel, ce n'est pas pour rien que notre homme a été baptisé le *papillon de nuit de Bruxelles*, car sa fréquentation de divers clubs de rencontres témoigne d'une sensualité débridée. *La Piscine*, *Les Atrébates*, *Chez Dolo*. Des lieux propices à tous les fantasmes, qui ont (nécessairement) acquis une réputation sulfureuse. Ainsi *Les Atrébates* a été inquiété dans les années 1977 à 1981 par la PJ et le BCR parce qu'on l'assimilait à une maison de débauche. On notera aussi que la compagne de notre *papillon*, Marlène, doit parfois déloger pour laisser place à ses conquêtes d'une nuit (ce qui rappelle le fonctionnement du couple Dutroux).

Un monstre, pour autant? Avec un peu d'ouverture d'esprit, on pourrait estimer certains traits du bonhomme plutôt drôles ou sympathiques. Ainsi, après s'être séparés, son épouse Annie et lui ont décidé de... vivre ensemble, pour le bonheur de leur fils et de leur fille. Ils ont donc construit un ménage à quatre, avec leurs nouveaux compagnons respectifs. Après quelques remous, ils ont dû prendre un peu de distance. Un peu, seulement, car les deux couples se sont installés dans deux appartements d'un même immeuble. Il suffit aux enfants de prendre l'ascenseur pour passer du père à la mère et inversement.

Quant à ses relations supposées, il a beaucoup exagéré. Et confondu *croiser* avec *fréquenter assidûment*. D'ailleurs, quelle personnalité viendra l'aider face à ses ennuis? Aucune. Et il finira par reconnaître qu'il ne bénéficie d'aucun soutien.

A moins qu'on ne l'ait obligé à revenir sur ses déclarations?

Abrasax

Dutroux et Lelièvre ont parlé de commande, assez confusément. Pour qui? Nihoul a été cité. Mais très vite, une autre piste s'est dessinée, qui n'efface pas la première.

Il faut dire qu'à l'intérieur du chalet de Weinstein, au cœur de son immonde bric-à-brac, les enquêteurs ont découvert une lettre aussi étrange qu'inquiétante: *Bernard, n'oublie pas de lui rappeler le cadeau en prévision de la grande fête à venir.* Signé: *Anubis.*

Une seconde lettre, dans une poubelle: un bon de commande pour... dix-sept victimes! Or le rapt d'An et d'Eefje a eu lieu peu de temps avant une date importante du calendrier satanique. Et Anubis, c'est le nom d'emprunt du chef suprême des disciples de Satan en Belgique. Avec sa compagne Nahema-Nephtis, la Grande Prêtresse du mouvement, on l'a même vu et revu sur les plateaux de télévision belges. Les deux compères y donnaient plutôt l'impression de deux folkloriques marginaux épris d'anticonformisme. Mais, s'ils avaient habilement caché leur jeu...

En tous les cas, le procureur du roi Bourlet, lui, ne tergiverse pas. Le samedi 21 décembre, à 20 h, trente policiers investissent le mystérieux Institut d'Etudes Sataniques Abrasax.

Et que découvrent-ils ? Des monstres en plein sacrifice rituel ? Des traces d'enfants égorgés ? Que nenni. La Grande Prêtresse regarde la télé. Et s'il y a des réserves de sang, c'est celui d'un... lapin. A part ça, des crânes et quelques éléments de décor plus farfelus qu'effrayants.

Un fiasco.

L'énigme du bois de Heigne

Au milieu du mois de septembre 1996, Michelle Martin conseille aux enquêteurs d'aller fouiller le bois de Heigne, du côté de Jumet. Son mari, à une époque, allait y camper en compagnie de son ami Van Peteghem, le compagnon de ses viols des années 1980, aujourd'hui décédé.

En découvrant le sinistre décor, chacun, dans le camp des forces de l'ordre, sent son échine parcourue par un frisson aux allures de cilice. Imaginez une zone désertique digne des contes gothiques, où la nature sauvage terrasse les traces de l'exploitation humaine, de la civilisation. Un rempart d'arbres autour d'une mine abandonnée depuis 1967, un puits désolé, des étangs où des vieux taquinent parfois la truite, un énorme monticule d'objets divers qui ravale le champ de ferrailles du pauvre Weinstein au rang de taupinière.

Autant chercher une aiguille dans une botte de foin. Alors, on va chercher Dutroux et on le promène sur le site. Et le diable, sorti de sa boîte, retrouve le rôle qu'il affectionne tant. Mener les opérations, guider, conseiller, diriger. Mais, après avoir laissé entendre qu'il y aurait bien quelque chose à découvrir, il se mure dans le silence de son sourire glacé.

On interroge les pêcheurs, qui rappellent qu'autrefois les lieux attiraient des colonies de Tziganes. On commence à retourner les lieux, on creuse, on fouille. Un travail harassant et désespérant. Car comment s'y retrouver à travers tous ces sentiers, ces galeries souterraines ?

En deux jours, 13 m 3 de terre sont évacués vers une station d'épuration qui pourrait faire ressortir d'éventuels vestiges humains. Des experts de toutes sortes s'échinent, ingénieurs et spéléologues, architectes ou détecteurs de cadavres. Les vedettes hollandaise et écossaise sont à nouveau de la partie. On y croit.

Quand on bute, à 33 m de profondeur, contre du bois précieux, on pense avoir mis à jour quelque chose, mais il ne s'agit que d'une structure contre les infiltrations.

Les fouilles ne donnent rien. On s'intéresse aux anciens bâtiments administratifs. Toujours rien.

Pour sortir de l'impasse, on propose un marché à un quatuor de pédophiles confinés dans une cellule de la prison de Namur. Des informations contre un assouplissement de leurs peines. L'un d'eux se met à parler. Oui, il doit y avoir plusieurs cadavres d'enfants. Entre trois et... douze. Il accepte de dresser un plan des *points chauds*.

Les enquêteurs sont certains d'aboutir. La Belgique suit les fouilles à la télévision, retient son souffle. Des parents descendent sur les lieux.

En décembre, l'excavatrice tourne à plein rendement. Mais rien, à nouveau.

En janvier, on pense toucher au but. Le tunnel qu'avaient décrit les quatre pédophiles de Namur (à l'unisson !) a été découvert. Oui, la galerie funeste qui servirait de sépulture à tant de disparus, celle que les criminels affirment avoir empruntée à tel ou tel moment.

On avance. On avance quand un journal (*La Dernière Heure*. Mais pourquoi JUSTE à ce moment-là ?) dénonce la mystification des quatre prisonniers. Ceux-ci se cambrent et refusent dorénavant toute collaboration. On n'insiste pas. Les voilà séparés, expédiés dans d'autres prisons.

Dans la zone du bois de Heigne, on cherche encore. Des cavités avec des instruments gravimétriques. Rien.

Reste aux parents à venir se pencher, à Charleroi, sur les 4497 vêtements et objets divers ayant pu appartenir à leurs enfants. Moment atroce. Et vain. Ce qui ne veut rien dire, car les années ont passé.

Le retour à Charleroi correspond au retour des bévues et boulettes. Car comment expliquer que cette séance si importante ait eu lieu sans la présence de chiens pisteurs ?

Un enquêteur, qui a inventorié l'ensemble, glisse six paramètres dans un ordinateur. Et celui-ci sort six noms d'enfants ! Un indice terrible, mais pas une preuve, hélas.

Le 26 mai 1997, après une dernière série de fouilles (et les conseils d'un… voyant), Neufchâteau arrêtera les frais et quittera le bois de Heigne. Mais un nouveau juge d'instruction était alors aux commandes, dont on reparlera plus loin.

Les enquêteurs s'étaient-ils laissé mener en bateau par Martin, Dutroux et les quatre autres ? Bizarre.

Les témoins X

Revenons en arrière.

Le 10 juillet 1996, soit quelque temps avant l'explosion véritable de l'affaire Dutroux, une certaine Nathalie s'était présentée au BCR de Bruxelles. Ce n'était pas la première fois qu'elle cherchait à être entendue. Mais beaucoup d'eau avait été apportée à son moulin.

La jeune femme était la fille d'un riche pensionné, qui avait accompli sa carrière dans une entreprise d'armement. Que disait-elle? Que son père avait abusé d'elle dès son enfance avant de la... *prêter* à d'autres. D'autres? Des nantis de la région de Namur. Elle citait des prénoms (dont un Jean-Michel!), parlait d'un prince, de soirées orgiaques où de nombreuses filles étaient violées, torturées. Il était question de rituels bizarres avec des cierges allumés, des ciseaux. D'avortements en cascade. D'un château.

Un 1MDL lui montre compassion et intérêt. Il va jeter un coup d'œil au domaine incriminé (propriété d'une famille noble) et y découvre, avec stupéfaction, des éléments cités par Nathalie: étangs, fenêtres peintes en bleu, etc.

Revenons au présent de notre enquête, au travail des héros de Neufchâteau. Connerotte, Bourlet et leurs hommes.

Le 20 septembre 1996, une jeune Flamande téléphone au juge Connerotte et rapporte une histoire fort proche de celle de Nathalie. Un père qui abuse d'elle dès ses 4 ans (!) puis qui la *distribue* à droite à gauche, avant de l'offrir (ou de la vendre?) à un souteneur. Des viols commis dans le Brabant wallon, par des notables aux *beaux costumes*. Deux avortements.

Un adjudant de la gendarmerie de Bruxelles, De Baets, se trouve alors auprès de Connerotte et fait aussitôt le lien avec le témoignage de Nathalie. D'autant que celle-ci passe bientôt à la télévision et affirme reconnaître le Jean-Michel qui l'a violée sur une banquette de voiture: Nihoul!

De Baets veut approfondir les déclarations de la Flamande, mais celle-ci exige de garder l'anonymat, par crainte de représailles. Elle sera le premier témoin X de l'enquête. X1.

Si Nathalie parle de Nihoul, X1 évoque la participation aux orgies de... deux chiens, dont l'un possède le même nom qu'un chien de... Michelle Martin. De plus, elle reconnaît Nathalie sur une photo. Les témoignages se recoupent. Mais X1 va beaucoup plus loin. Elle raconte avoir participé, contrainte, à... trente meurtres ! Elle décrit notamment le cas d'une adolescente de 16 ans violée puis défoncée à coups de marteau, avant d'être brûlée dans une champignonnière. Elle se montre de plus en plus précise, pour le lieu comme pour les participants ou les victimes. Elle décrit Dutroux, Nihoul et Martin, un individu qui pourrait être Weinstein. Elle parle des positions atroces infligées aux filles, de la manière dont on les pliait, les liait avec du fil de fer.

De Baets et ses hommes examinent les crimes non élucidés. Et mettent les déclarations de X1 en corrélation avec l'affaire dite de la Champignonnière, qui a défrayé la chronique en 1984. La description des plafonds et des lambris par X1 semble étonnamment exacte.

Or, à l'époque, une lettre anonyme avait un temps orienté les investigations policières vers le *Dolo*, l'un des points de chute préférés de... Nihoul.

De Baets et Connerotte sont certains d'avoir mis le doigt sur une poudrière. Un réseau. Impliquant de hautes personnalités.

Fidèle à sa logique du *Tout à l'attaque !*, Connerotte fait installer une ligne d'appel téléphonique anonyme dans les bureaux du BCR. Pour inciter tous les témoins, toutes les victimes d'actes pédophiles à se manifester. Une manœuvre louable, bien sûr, sur le fond, mais qui ouvre la porte à tous les excès, à l'affabulation, à la délation.

La récolte dépasse les espérances. Des témoins X2, X3, X4, X5, X6, X7, X8, X9 sont retenus. Dont les récits recoupent ceux de Nathalie et X1. Incestes puis viols dans des châteaux, des villas. A Bruxelles ou à la Côte, partout où coule l'argent.

Après contre-expertise, cinq témoignages seront conservés. Ce qui est déjà beaucoup.

Maintenant, Connerotte, Bourlet, De Baets et leurs hommes foncent. Se demandant si on leur laissera le temps de terminer leurs investigations. Car, si tout ce qu'ils découvrent est vrai, le royaume de Belgique est pourri, les plus hautes sphères de la société (justice, affaires, gendarmerie... et famille royale) ont à voir avec des enlèvements, des tortures, des viols et des meurtres d'enfants ou d'adolescents. Ce qui, en effet, expliquerait l'extraordinaire cascade de dysfonctionnements observés tout au long des dossiers des disparues.

Le commissaire Marnette

On ne peut quitter le dossier des réseaux sans évoquer le commissaire de la PJ bruxelloise et expert ès banditisme Georges Marnette.

Fin août 1996, l'homme s'est focalisé sur le pédophile Raemaekers (au centre des prétendues révélations du bois de Heigne). Pour Marnette, celui-ci est encore bien plus monstrueux que Dutroux. N'a-t-il pas été condamné à perpétuité pour d'atroces viols commis sur des fillettes de 6 à 8 ans?

Or, celui-ci connaissait Nihoul, son avocat a aussi défendu ce dernier... ou partagé le bureau d'un ancien avocat de Dutroux.

Marnette va enquêter, mettre à jour un trafic d'XTC entre Nihoul et Lelièvre. Pousser plus avant les recoupements, s'entêter. Par exemple, en se concentrant sur un château où Nihoul rejoignait d'autres débauchés (des notables, bien sûr) pour de mystérieuses orgies.

Mais Marnette embarrasse. Pas assez sérieux, pour certains. Un saboteur, pour d'autres, qui veut s'arroger les lauriers de Neufchâteau.

Dégoûté, il finira par claquer la porte, en affirmant avoir failli démanteler la mafia du sexe belge. Vrai ou faux?

On les entend crier en dessous. «Dutroux au trou! A mort!»

Les salauds, pense-t-il. C'est à cause d'eux que Nihoul, Lelièvre et lui sont obligés de se lever avant l'aube pour effectuer leur promenade.

On ne peut rien y faire. C'est ainsi dans toutes les prisons du royaume. Les détenus ne supportent pas la présence des pédophiles, ils ne songent qu'à leur faire la peau.

Mais il ne va pas se laisser faire. Si on le tire encore du lit à 5h30 ou si on continue à lui imposer cette lumière automatique qui s'allume toutes les sept minutes, c'est fini, il ne leur dira plus rien. Qu'ils se débrouillent. Et ils sont si stupides, ces enquêteurs. Que feraient-ils sans lui? Ne leur est-il pas tellement supérieur?

Marc s'est levé et tourne dans sa cellule. Comme un fauve dans sa cage.

Qu'est-ce qui a «foiré», cette fois? Après son premier séjour prolongé en prison, il avait compris ses torts.

Enlever, violer, pas de problème. Mais relâcher les filles! Elles l'avaient identifié à la voix. Il avait compris qu'il lui fallait s'organiser, se professionnaliser. Des caches, soigneusement préparées pour profiter plus longtemps des fruits de la chasse, et un enterrement quatre étoiles ensuite, Rohypnol et sacs-poubelles.

Mais cette fois? Oui. Il avait besoin de comparses et ceux-ci n'étaient pas à la hauteur, à «sa» hauteur. Un problème à résoudre car… on ne sait jamais.

Chapitre VIII

La colère blanche

Un plat de spaghettis

En septembre 1996, Mme Bourlet appelle son mari Michel au palais de Justice de Neufchâteau. Elle vient de recevoir une invitation d'un membre de l'association *Marc et Corinne*. De quoi s'agit-il? D'une soirée de bienfaisance au profit des enfants disparus.

Le procureur du roi accepte et propose au juge d'instruction de l'accompagner. Jean-Marc Connerotte se marie ce jour-là, mais il acquiesce.

Le samedi 21, les Bourlet, avec leur fille, et les Connerotte débarquent à Bertrix. On se met à table et on mange. Des spaghettis. En toute simplicité.

Soudain, un organisateur annonce que Sabine et Laetitia comptent parmi les invités. Connerotte, qui connaît les règles de son métier, devrait prendre ses jambes à son cou et filer au plus vite. Mais il reste. Figé par la surprise ou l'émotion?

Avant de partir, les magistrats se voient offrir chacun un stylo de prix et leurs épouses des fleurs. Diable, ils sont aimés, ces deux-là. Adorés même. Par les parents des victimes, par les deux rescapées, par un pays qui s'accroche à leur honnêteté, à leur force de travail, à leur courage aussi comme à d'ultimes bouées dans le naufrage général.

Des photographes de *La Lanterne* passaient par là.

Ils prennent des clichés. Publicité inattendue... et désastreuse.

Deux jours plus tard, l'avocat de Marc Dutroux introduit un recours en suspicion légitime, estimant impossible la tenue d'un procès régulier vu que les magistrats auraient clairement pris position pour la partie adverse.

Les héros de Neufchâteau sont emportés par la tourmente. La polémique bat son plein. La Loi contre l'esprit de la Loi. En effet, si la Loi, au sens le plus strict, vient d'être objectivement bafouée, ne peut-on considérer que les magistrats sont tombés dans un traquenard? D'autre part, dans une affaire comme celle-ci, n'est-il pas ridicule d'évoquer la neutralité? N'est-elle pas impossible, non envisageable?

Réunions, palabres. Et le verdict tombe. Terrible.

Le juge Connerotte est dessaisi. Remplacé par le juge Langlois, qui sera secondé par un confrère. Des hommes très différents, plus conformes, plus *politiquement corrects*.

Quant à Bourlet, il reste en place, ce qui permet de laisser l'enquête à Neufchâteau.

La cour de cassation pensait ménager la chèvre et le chou, mais il n'en est rien. Cette attitude politicienne ne fait qu'attiser la colère des citoyens. Le scandale est immense.

La marche blanche

Dans les jours qui suivent, les actions de protestation se multiplient. Bougies allumées aux entrées des palais de Justice. Grèves de la faim. Usines paralysées.

Le dimanche 20 octobre, des manifestants défilent dans les rues de Bruxelles, venus de tous les horizons linguistiques, politiques, confessionnaux. Trois cent cinquante mille. Avec le blanc pour étendard. Des cheveux aux visages, teints ou peints. Et ces ballons, ces milliers de ballons immaculés qui resteront le symbole du jour.

Une manifestation d'une dignité exemplaire, austère et grave. La Belgique entière dans le sillage de ses nouveaux héros : Sabine et Laetitia, les parents de Julie et de Mélissa, d'An ou de Loubna.

Un moment d'émotion extraordinaire, plus intense encore que les funérailles du roi Baudouin. Car tout le monde semble concerné, écrasé, bouleversé. Une solidarité unique et magique. La communion d'une nation qui, soudain et pour un temps, existe.

Une colère maîtrisée qui débouche sur les discours des familles, un appel à un monde meilleur, un désir de justice et de vérité.

Bientôt, les comités blancs se multiplieront, émanations du monde citoyen, alliant bonnes volontés d'anonymes ou de vedettes s'engageant pour la défense d'une nouvelle morale.

L'enlisement

En décembre, trois mille marcheurs blancs défilent à nouveau à Bruxelles pour soutenir le travail des magistrats de Neufchâteau.

Bourlet, surtout, en a bien besoin, car des observateurs se demandent si l'on ne sabote pas son enquête. Comment ? En brouillant les pistes. C'est-à-dire en en créant de fausses. N'a-t-on pas encouragé les quatre pédophiles à donner de l'eau au moulin de l'hypothèse du bois de Heigne ? N'a-t-on pas délibérément abandonné la carte bancaire de Dutroux ou les pseudo-indices d'une implication d'Abrasax ? Et que penser de la campagne calomnieuse qui vient de s'abattre sur le vice-premier ministre Elio di Rupo? Les accusations de pédophilie qui ont frappé si durement le leader socialiste ne sont-elles pas orchestrées pour faire écran, détourner toutes les attentions?

Si on me laisse faire... Mais justement. Le juge Connerotte a été mis hors circuit. Et le commissaire Marnette aussi. A qui le tour?

Or les enquêteurs de Neufchâteau, en cette fin de 1996, préparent une gigantesque opération. Il s'agira de réaliser conjointement treize perquisitions domiciliaires qui permettront de vérifier les déclarations du témoin X1.

Mais les pistes X prennent du plomb dans l'aile.

La première à lâcher du lest, c'est Nathalie. Quand le gendarme qui la suivait est frappé d'une hémorragie cérébrale, son successeur la considère comme une personne instable, dérangée, affabulatrice.

Les autres X ont beau persévérer, un commandant fait ses comptes. Sept cents PV rien que pour le dossier *Champignonnière*. Résultat: aucune preuve. Et idem pour les autres pistes tournant autour des X. L'officier juge que certains de ses hommes se sont laissé mener en bateau, que l'enquête s'est égarée, diluée.

En juillet, tous les correspondants réguliers des X sont mis en congé obligatoire. Ils faisaient trop d'heures supplémentaires et risquaient de désorganiser totalement le service à un moment ou à un autre.

Fin octobre, les dossiers des X sont répartis entre différents juges d'instruction. Pour, suivant la volonté du juge Langlois, *réévaluer les pistes X avec un regard neuf et neutre.*

A Gand, la gendarmerie décrète que X1 a menti, tissé son histoire à partir de ses lectures de journaux. A Bruxelles, on cherche pour la Champignonnière. Toujours en vain.

Ça sent le bout de la piste... pour les pistes X. Et la gigantesque opération auprès des notables est annulée.

Si on me laisse faire...

Levée de boucliers, division des médias sur le sujet, affrontements verbaux violents entre les tenants et les opposants de la théorie des réseaux, de la crédibilité des témoins X.

Dans ce climat délétère, une émission de la télévision française établit que:

Nathalie n'a subi aucun avortement;

les preuves de l'existence d'un réseau, dans le cadre de cette affaire, n'existent pas;

Nihoul est un partouzeur et un magouilleur sans commune mesure avec le monstre fantasmé par d'aucuns.

Or ne s'agit-il pas là d'un regard extérieur et donc objectif?

Dans sa cellule, un homme se morfond et ne comprend toujours pas. Association de malfaiteurs, qu'on lui a dit. Dans le cadre du dossier des enfants disparus.

Mais... n'a-t-il pas tout fait pour arrêter ça? N'avait-il pas prévenu les gendarmes dès 1993? Les projets d'enlèvement, les aménagements des caves, les propos de Dutroux sur ses goûts, ses tarifs...N'a-t-il pas, au risque de sa vie, passé des heures, la nuit, avec le MDL Pettens, à examiner le parc automobile du monstre? N'a-t-il pas dressé des plans des travaux? Qu'en ont-ils fait?

Pourtant, Pettens lui a juré qu'il avait transmis les informations. Il avait l'air embarrassé. Il a dit qu'il ne pouvait rien faire. Ligoté. Qu'est-ce à dire? Qu'y a-t-il derrière tout ça?

Pourtant.

Pourtant, cette opération Othello dont on parle tant à

la télé ou dans les journaux, aurait-elle pu avoir lieu sans ses révélations ?

Et il a appelé, appelé…

Pourquoi parle-t-on partout de Connerotte et de Bourlet ? Et lui, Claude Thirault ? Lui qui s'est bougé comme personne pour sauver les filles… et dont les deux fils, placés, en larmes, attendent le retour ?

Chapitre IX

L'affaire Benaïssa

Patrick Derochette, 1

Quatre ans après la disparition de sa fille Loubna, M. Benaïssa, venu aux nouvelles au moment des macabres découvertes de Jumet, est écouté avec plus d'attention que d'habitude. Le jeune gendarme qui l'a reçu parle à son supérieur et celui-ci arrache le dossier à la poussière.

Après avoir admiré les efforts de quelques personnes à Neufchâteau, découvrons ceux de l'adjudant-chef Legendre à Bruxelles. Au cœur de notre plongée dans l'horreur, nous avons besoin de nous raccrocher à quelques lueurs.

Legendre, donc, a ouvert le dossier... et l'a lu. Et le cas d'un suspect l'a interpellé. Un certain Patrick Derochette, né en 1964, pompiste à Ixelles, la commune des Benaïssa.

Legendre voudrait en savoir plus, mais le dossier Derochette a été perdu. Deux gendarmes sont envoyés au palais de Justice et y pratiquent de longues séances de spéléologie dans les archives. Ouf! Le dossier est exhumé. On l'avait rangé à... De*b*rochette! A quoi peut tenir une enquête...

Pas n'importe qui, ce Derochette. Comme Dutroux, il promène de fameuses casseroles derrière lui. Que signale son casier judiciaire? Premier *exploit*: il emmène un garçon de 12 ans dans sa cave et le viole. Il récidive un an plus tard avec un gamin de 9 ans, qu'il contraint à se dévêtir et devant lequel il se masturbe. Malgré l'argent offert contre son silence, la victime parle et Derochette se retrouve en prison. Pour un mois, seulement. Et on remet ça un an plus tard. Avec un gosse de 11 ans, qui est battu et frôle la mort. En 1984, la justice se penche sur son cas et décrète (rapport psychiatrique à l'appui) qu'il constitue une menace sérieuse. Mais il échappe à la prison et se retrouve interné. Comme un malade incapable de maîtriser ses pulsions. Soit. Mais pourquoi le libère-t-on trois mois plus tard ?

Commentaires, 5

Une société qui se police à l'extrême n'y perd-elle pas sa substance, sa force ?

L'excès de droits de l'homme, en Belgique, pulvérise l'essence même de ces droits. Les droits de l'homme, la plus belle invention humaine, détournés par des extrémistes, ont tué Julie et Mélissa, An et Eefje, Loubna et toutes les autres.

Patrick Derochette, 2

Dès le début de l'affaire Benaïssa, Derochette s'est distingué.

Son pedigree, bien sûr.

Sa proximité avec la victime. La station *Québec* qui l'emploie se trouve sur le trajet de Loubna.

Un témoignage. Une voisine a entendu des cris d'enfant aux environs de la station le jour fatidique.

Son alibi. Pas vérifié à l'époque. Un mensonge, pourtant.

Il est aussi question de la présence sur les lieux d'une mystérieuse Golf noire dont une condisciple de Loubna a noté la plaque parce qu'elle croyait y avoir aperçu son amie.

Mais alors?

Si les enquêteurs de terrain, dans un premier temps, ont effectué du bon boulot, dans un deuxième, l'enquête s'est diluée parce qu'... aucun juge d'instruction n'a été désigné.

Pourquoi?

Legendre a rouvert l'enquête. Les investigations menées quant à l'identification de la plaque ne donnent rien. Jusqu'à ce qu'un gendarme remplace l'une des lettres, songeant à une mauvaise lecture.

Coup de génie. A cette lettre près, la plaque était celle d'une nièce du suspect. Et comme les Derochette, des garagistes, avaient pris l'habitude d'inverser les plaques familiales... Comme le frère de Patrick conduisait une Golf noire au moment des faits...

A défaut d'une preuve décisive, le faisceau des indices s'intensifie. Et Legendre, convaincu, obtient la mise en place d'une opération d'envergure.

Québec

En février 1997, Legendre informe les Benaïssa des progrès de son enquête et les implique dans la préparation de l'opération *Québec*.

Le 5 mars, vers 15 h 30, ses hommes passent à

l'action. Des dizaines de gendarmes encerclent la station-service tandis que la police communale surveille la rue.

A l'abri de son bureau, un trentenaire au front allongé et à la tête à moitié chauve, un visage anguleux barré par une moustache. Il ne se doute de rien. Il vaque à ses occupations, l'air indifférent. Ne comprend pas ce qui lui arrive quand les forces de l'ordre font irruption et l'appréhendent.

En face de la pompe, des bâtiments désaffectés. Qu'on explore méticuleusement. Comme la cave de la station. Où l'on découvre un bric-à-brac incroyable: moteurs, câbles, etc.

Un film qui se répète. Deux moustachus indifférents et peu liants. L'univers des voitures, des constructions glauques et désolées, des sous-sols trop encombrés pour être honnêtes, inquiétants.

Un gendarme a son attention attirée par une malle militaire verte. On se dirige vers le coffre, on l'ouvre et... Un cadavre! Le corps d'un enfant!

Derochette, qui niait tout et refusait de parler, est démasqué. Il avoue enfin. *Oui, c'est moi. Et alors?*

C'est bien Loubna. Il déclare qu'il l'a enlevée, qu'elle s'est débattue et qu'il a dû la faire taire. *Elle a cogné sa tête.*

L'adieu à Loubna

Le 8 mars, à l'arrière de la mosquée du Cinquantenaire, à Bruxelles, vingt mille personnes viennent rendre un dernier hommage à la petite Marocaine qui a achevé de cimenter (pour un temps) la Belgique au-delà des clivages Wallonie/Flandre ou Belge/Immigré.

Lahssen, son père, un homme discret, effacé mais

dévoué, travailleur, et sa grande sœur Nabela, que la Belgique a appris à admirer, à chérir, accompagneront le petit ange dans son dernier voyage. Vers le soleil, la terre de ses ancêtres. Le Maroc, Tanger. Où Loubna dormira désormais à l'ombre d'un cyprès, dans le cimetière des Martyrs.

Rumeurs

Des bruits courent.

On aurait vu Dutroux dans la fameuse Golf noire. Psychose collective?

On apprend que Dutroux et Nihoul étaient des clients de la station Derochette dans les années 1980. Un simple hasard, parce que la Belgique francophone est un espace fort réduit, Ixelles un lieu de passage extrêmement fréquenté?

Dans un village des Ardennes belges, un homme écoute les informations, agité par des sentiments divers.

Tout ce remue-ménage autour des pédophiles, ce n'est pas bon pour lui, bien sûr. Les gens se méfieront de plus en plus. Les jeunes filles, surtout.

Et puis, si l'on enquête dans toutes les directions, on pourrait finir par venir jeter un coup d'œil de son côté. N'a-t-il pas un lourd passé derrière lui?

Mais non. Ne pas s'inquiéter. C'était en France. Et ici, en Belgique, les différentes polices ont l'air de «patauger dans la semoule». Comme les journalistes. Ils disent tous n'importe quoi. Il y a en a même qui voudraient attribuer l'une de ses proies à ce Dutroux. Ils voudraient tout expliquer par une et une seule filière, un réseau.

Mais lui il n'a pas besoin de réseau. Il chasse seul. Ou avec sa compagne.

Plus sûr. On ne l'aura pas. Jamais. Pourtant…

Pourtant, ce Dutroux et ce Derochette… Ah, s'ils savaient ! Du menu fretin comparé à lui.

L'homme sourit. Faire un peu plus attention. Simplement. Un petit moment. Les gens oublient si vite.

Chapitre X

Avec du recul

Charleroi

En Belgique, la région de Charleroi n'avait plus bonne presse depuis des lustres. Jadis florissante, du temps de ses charbonnages, la fermeture de ceux-ci l'avait transformée en zone sinistrée. Le *pays noir*, comme l'on dit, réputé pourtant pour la convivialité de ses émigrés italiens, était devenu pour beaucoup une sorte de repoussoir. Une caricature de la Wallonie aux yeux de la Flandre. Pas la Wallonie des forêts ardennaises, mais celle des chômeurs et des délinquants, des bâtiments désaffectés et des quartiers en rupture de ban social, celle de pratiques politiques souvent douteuses aussi.

Au cœur de ce Charleroi assimilé par les médias aux trafics de voitures et aux négriers du bâtiment, une ombre s'est dessinée, une figure mythique s'est imposée. La concrétisation de toutes les peurs, de tous les fantasmes.

Londres avait eu son Jack l'Eventreur, Charleroi eut son Marc Dutroux.

La Commission Dutroux

Les politiciens se devaient de réagir. De donner une réponse à l'exclamation de la marche blanche. Ainsi, dans la foulée d'enquêtes internes, une commission d'enquête parlementaire fut-elle mise sur pied.

Ses objectifs ?

Dans un premier temps, permettre à chacun de comprendre comment une enquête menée par des magistrats, des gendarmes et des policiers avait pu se transformer en un tel bourbier.

Dans un deuxième temps, proposer des remèdes, en laissant cependant les sanctions éventuelles aux différents corps concernés. Restaurer la confiance du peuple belge dans ses institutions et dans les hommes qui les incarnent, aussi. Bref, prévenir le poujadisme, les dérives menant vers l'extrême-droite.

Fin novembre 1996, seize membres issus de tous les partis (même du Vlaams Blok, un parti nationaliste flamand) se réunissent à la Chambre. L'avocat Marc Verwilghen, un libéral flamand des plus discrets, totalement inconnu dans la plus grande partie du pays, sera leur président.

Les principes ? La transparence démocratique et une écoute citoyenne. Avec des interrogatoires retransmis intégralement à la télévision, à l'exception des huis clos. L'installation d'une ligne téléphonique permettant aux témoins de se manifester sans passer par leurs hiérarchies. Ou l'accueil de tous les parents d'enfants disparus.

Les travaux vont déchaîner les passions, devenir le feuilleton médiatique préféré des Belges qui iront dormir aux petites heures et commenteront chaque jour les performances des intervenants. Verwilghen, ferme et digne, va y gagner une popularité exceptionnelle. D'autres commissaires acquerront une nouvelle envergure ou une notoriété inattendue, embarrassant bien des confrères jaloux.

Un cadeau du ciel pour les seize élus, cette Commission? Non. Car les pressions (des familles des victimes, du peuple, des médias, du monde politique, de la gendarmerie, de la magistrature) seront fortes. Très fortes. Et les interférences aussi. Des fuites seront orchestrées, pour diviser les commissaires ou les discréditer. Des documents confidentiels se retrouveront étalés dans la presse. Des moyens techniques seront employés pour écouter des huis clos. Et il y aura des manœuvres d'intimidation. Des enquêtes seront même menées (par la gendarmerie!) sur leurs personnes et leurs entourages.

Le premier mandat de la Commission? Trois mois. Suivis d'un nouveau mandat identique, puis d'une ultime prolongation d'un mois. Mais l'affaire va prendre une telle ampleur, se ramifier, se complexifier tant et tant qu'elle s'assimilera aux Douze Travaux d'Hercule. Un dossier tentaculaire, qui aurait demandé des moyens plus considérables encore. Et du temps, beaucoup de temps.

Trop d'information tue l'information. Ce sentiment finira par prédominer, par assommer, lasser. A peine aura-t-on pensé apporter un embryon de réponse à une question que celle-ci en soulèvera dix autres. Et les débats ne seront guère allégés par le comportement des témoins. Des témoins qui défileront... en *se défilant*, ne songeant pas tant à révéler, à témoigner qu'à se protéger. *Je n'ai rien fait de mal. D'ailleurs, je fais très bien mon travail. Mais je manque de moyens. Et les autres, eux, n'ont pas fait leur boulot.*

Au-delà du déballage extraordinaire, les conclusions des commissaires, si longtemps acharnés à découvrir la vérité puis rattrapés par les influences politiciennes, seront décevantes. Et il appartiendra à chacun de relire l'ensemble des interrogatoires et des confrontations pour se forger une opinion.

Les points chauds

La réception des parents par le président Verwilghen : *Vous êtes ici chez vous. Le Parlement est le cœur du régime démocratique. Vous devez vous y sentir à l'aise et totalement libres.*

Lesage, Lamoque, Doutrèwe et Gilot assis côte à côte. Les quatre figures de proue de l'enquête sur la disparition des fillettes de Crotteux se sont tellement contredites que le président Verwilghen se résout à les confronter. Chacun campe sur ses positions. Le président (flamand) insiste, car le peuple belge a les yeux rivés sur eux. *Ce qui se passe est très grave. Un de vous ne dit pas la vérité. Je me demande si celui ou celle qui est en train de faire cela se rend bien compte de ce qui se passe (...). C'est une question qui va dans votre âme.* Bref, c'est la mise en abîme de tous les dysfonctionnements, de toutes les lâchetés. Si la PJ, les gendarmes ou la magistrature mentent, à qui se fier ?

René Michaux, le recordman des apparitions. De plus en plus accablé, changeant de discours, hésitant, crachant progressivement le morceau sur bien des points. Il devient le coupable idéal, l'homme des perquisitions ratées, celui qui n'a pas entendu les petites filles qui criaient. Pis : qui leur a dit de se taire. Qui n'a pas su quoi faire du spéculum et de la vaseline, etc. Celui qui ne pouvait les retrouver. Ou pis, susurrent certains : qui ne le voulait pas. Mais pourquoi ?

Quelques bévues atroces évoquées par des parents. Parmi d'autres, retenons la situation vécue par un père dont la fille, retrouvée décédée, fut d'abord remise à une autre famille. Ou le cas d'une mère qui, sans nouvelles de son enfant, se vit présenter un cadavre auquel il manquait la tête et un bras. *C'est ta fille ? Non ? Ah, désolé. On repassera.* Alors que les groupes sanguins des deux adolescentes étaient différents...

Mais l'abjection s'étend à tous les niveaux et les familles des disparues n'en sont pas dispensées, hélas. Ainsi un père profite-t-il de la Commission pour faire son show sans évoquer... son enfant. Ou pour régler ses comptes avec son ex-femme. Etc.

Les révélations de la Commission

Tous les parents ne sont pas égaux

La Commission ayant décidé d'écouter TOUS les parents d'enfants disparus, même ceux qui n'ont aucun rapport avec l'affaire Dutroux, il apparaît qu'ils n'ont pas été traités de la même manière. Loin s'en faut.

Jean-Denis Lejeune avait parlé de justice de classe en rappelant les moyens déployés pour retrouver le fils d'une famille riche. A raison. Mais il y a d'autres discriminations. Qui s'expliquent (sans se justifier) par de nombreux paramètres.

Ainsi les Benaïssa seront sans doute abandonnés à leur sort parce qu'ils ne maîtrisent pas la langue française. Mais quand leur fille aînée Nabela, éduquée en Belgique, prend la parole avec dignité et intelligence, les médias (suivis par les politiciens) bondissent sur ce symbole d'un autre Maghreb et en font une véritable icône. Qui pourra parler à satiété.

Lors de la marche blanche, la maman d'une autre disparue, Elisabeth Brichet, avait été associée aux familles Russo, Lejeune et autres Marchal. Mais la Commission permet de découvrir le père de cette victime, Francis, qui raconte son calvaire. Après le drame, il n'a rencontré le juge que deux fois en sept ans et son ex-femme a monopolisé toutes les attentions, toute la compassion. Celle des autres parents, celle des médias.

Certains parents viendront revendiquer la discrétion, comme M. Lambrecks, le père d'Eefje, qui reprochera à M. Marchal, le père d'An, de se jeter sur le moindre micro, et d'avoir nui à l'enquête menée à Bruges.

Quant à la *starification* des Russo/Lejeune, on pourra s'interroger. Une attention légitimée par l'ampleur du drame ou par la qualité médiatique des intervenants? La beauté et la force de Gino et de Carine, le charme et la sympathie immenses dégagés par Jean-Denis (NdA: Louisa étant plus discrète)?

Les griefs des parents contre la justice

Dans le dossier *An et Eefje*, les avis sont contradictoires. M. Lambrecks loue le dévouement d'une PJ brugeoise honnie par M. Marchal.

On a constaté les difficultés de communication entre la PJ de Bruxelles et les Benaïssa. Torts partagés?

Pour les Russo/Lejeune, tout est parti des vacances de Doutrèwe. Et on comprend la fureur des parents face à la succession des juges. Mais on comprend aussi que la dame, accablée par les soucis privés, avait un besoin (vital) de repos.

Idem pour les soupçons qui se portent d'abord sur les familles des disparues. Ça paraît injuste, scandaleux. Mais l'expérience a prouvé que de nombreuses tragédies trouvaient leur explication au sein des entourages immédiats.

L'avocat des familles Russo et Lejeune a été loué pour son engagement et son dynamisme, mais il a aussi jeté pas mal d'huile sur le feu. En réclamant l'accès au dossier, par exemple. Ce qu'on lui accordait, à la condition de retirer des pièces confidentielles. Refus. Or n'est-il pas normal de sauvegarder la vie privée des gens ?

Pour rappel, les parents ont joué aux justiciers et maltraité un suspect... innocent, jusqu'à la preuve du contraire... mais qui les avait provoqués par des déclarations aux allures de confession fanfaronne. La lettre atroce d'un prétendu assassin aurait pu les bouleverser inutilement. Des éléments du dossier auraient été très gênants pour certains membres des familles et la justice les protégeait peut-être... contre eux-mêmes.

Gino Russo s'en est vivement pris au procureur général de Liège alors que les deux familles, réunies dans un touchant unisson, lui avaient écrit, un peu plus tôt, à l'occasion de sa mise à la retraite, une très belle lettre où elles le félicitaient de son accueil (dans son cabinet comme à son domicile privé !), de son bon cœur, de ses efforts. Un vieux procureur d'une dignité exemplaire, car il n'a jamais cherché à répliquer, à polémiquer.

On apprendra pourtant une anecdote significative. Habitués à être reçus à toute heure par le procureur, les parents avaient un jour demandé à lui parler. On leur répond qu'il est à Bruxelles, ce qui est vrai. Ils ne le croient pas et veulent forcer la porte. Une dame veut les calmer, s'interpose et se fait agresser par Carine Russo. Anne Thily (le futur procureur général de Liège !) s'en sortira avec un hématome et un traumatisme certain.

Revenons à Doutrèwe. On lui reproche aussi d'avoir longtemps écarté le témoignage de Feron. Mais elle a agi ainsi parce que celui-ci était entré en contact avec les parents, ce qui nuisait au bon fonctionnement de l'enquête. Et ce pédophile notoire n'était pas quelqu'un avec lequel on traite à la légère. Ne fut-il pas plus tard condamné à cinq années de prison ?

Des erreurs, cependant, nous en avons observé tout au long de notre récit. Par ailleurs, d'aucuns, parmi les parents, auront eu à subir du mépris ou un manque d'humanité. Intolérable. Mais, si l'on peut améliorer le fonctionnement d'une institution, peut-on modifier la personnalité de ses acteurs ?

L'attitude de la gendarmerie

Oui, on savait qu'on cherchait Julie et Mélissa. Oui, on a caché *Othello*. Et il apparaît que la gendarmerie a joué cavalier seul, ne prévenant ni PJ ni magistrature. A Liège comme à Charleroi. Ou ailleurs. Car ça touche aussi Bruxelles, Bruges... Loubna, An et Eefje...

Mais quelle gendarmerie ? Des hommes de terrain, parfois, peut-être. Mais le BCR et les officiers locaux sinon l'état-major central... quasi certainement.

Or cette dissimulation a privé les perquisitions de 1995 des moyens dévolus à l'enlèvement de mineurs (chiens pisteurs, caméras infrarouges...). Avec tout ce que cela implique.

La PJ et la magistrature de Charleroi sur la sellette

Obaix. Un village où il ne s'est jamais rien passé. Et soudain un attentat monstrueux. Un gendarme reconnaît le modus operandi d'un individu dont il a eu à se préoccuper... dix ans plus tôt. Dutroux. *C'est lui. Ça ne peut être que lui.*

Or la mère de Dutroux habite justement à... Obaix.

Or Dutroux, ce jour-là, travaillait justement à... Obaix.

Or un camarade de la victime croit reconnaître... Dutroux.

Or la victime, réchappée par miracle, décrit un agresseur qui ressemble comme deux gouttes d'eau à Weinstein, le meilleur ami de… Dutroux.

Or Weinstein disparaît après Obaix, comme par hasard, alors que son interpellation aurait embarrassé… Dutroux (qui en profite pour mettre la main sur une somme de 500 000 FB, que son ami venait de recevoir de sa mère).

Or l'inspecteur Zicot, de la PJ de Charleroi, qui était de garde pour 24 h, prolonge celle-ci jusqu'à 48 h et vient court-circuiter l'enquête du gendarme.

Or, au cours de la perquisition de novembre 1993, à Marcinelle, la gendarmerie a découvert que le suspect possédait trois postes émetteurs-récepteurs branchés sur… les fréquences de la police et de la gendarmerie.

Or Dutroux, après les attouchements de la patinoire et malgré sa conditionnelle, a quitté miraculeusement indemne le combi de… la PJ.

Or certains ont insisté sur les accointances de Zicot et… Michaux, l'homme des perquisitions ratées.

Mais… où toutes ces observations conduisent-elles ?

Pour le procureur Bourlet (et bien d'autres), à envisager une connexion Zicot-Dutroux (son indic ?), voire une protection élargie de ce dernier par la magistrature et la PJ de Charleroi.

Pour rappel, Zicot, c'est l'inspecteur qui s'occupe des trafics de voitures. Or il lui est arrivé de fournir de belles occasions à un magistrat. Et l'on a rapporté que le parking du palais de Justice de Charleroi était parfois encombré d'une dizaine de véhicules achetés à des trafiquants.

Alors, Zicot et d'autres ont-ils basculé ? Pour Bourlet, il y aurait un paradoxe : le marché des véhicules volés fonctionne à plein régime à Charleroi et, pourtant, aucun gros trafiquant n'a jamais été inquiété.

Et si Dutroux était l'un de ces gros trafiquants ? Ses rapports intimes avec Weinstein (un super-équipement de garagiste) et Diakostavrianos (commerce de pneus avec l'Est), voire Nihoul (l'homme *à tout trafiquer*), ses conflits avec Tagliaferro ou les ferrailleurs Pierre et Philippe (des concurrents ?), voilà qui apporte du crédit à la thèse. Comme l'arrogance insupportable du suspect, qui se croyait intouchable.

Les suites de la Commission

A-t-on tiré les leçons du dossier des anges disparus ?

Nous avons vu que le ministre de la Justice, en cours d'affaire *Julie et Mélissa*, avait favorisé la création d'une Cellule Nationale des Disparitions.

Depuis août 1996, les permissions et les mises en liberté conditionnelle ont été interdites pour les délinquants à caractère sexuel.

La Commission a demandé que la justice s'humanise et qu'elle entretienne aussi d'autres rapports avec la presse ou qu'elle ait davantage de moyens. Que les forces de l'ordre aient à leur disposition un scénario type pour les enlèvements, que leurs efforts soient coordonnés et que les informations circulent au mieux (par exemple, par l'enregistrement des délinquants, type par type, dans des fichiers).

Et depuis ?

Michel Franchimont, ancien bâtonnier de Liège et professeur de droit à l'université, a été à l'origine de l'arrêt qui porte son nom et qui consiste en une appréciable réforme de la procédure pénale en faveur des droits des victimes.

Les polices, dont on avait déploré la guerre, ont été fusionnées. Un peu précipitamment, maladroitement, d'après de nombreux observateurs. Et il semble que la gendarmerie soit sortie gagnante du bras de fer et ait, en quelque sorte, absorbé sa rivale.

Une institution a été créée pour la sauvegarde des enfants, *Child Focus*, et Jean-Denis Lejeune y a travaillé tout un temps.

P.S. Durant l'été de l'année 2006, une nouvelle affaire d'enlèvement et de meurtre d'enfants (Stacy et Nathalie) a secoué la Belgique. Un drame horrible. Mais dont la remarquable gestion a redoré le blason de la justice et de la police.

Bévues et boulettes, 9… encore et toujours

Dutroux s'évade !

En 1998, soit deux ans après son inculpation, Marc Dutroux a obtenu de pouvoir étudier son dossier. Comme celui-ci est trop volumineux, il ne peut être acheminé vers la prison. Non, c'est Dutroux qu'on conduit d'Arlon au palais de Justice de Neufchâteau.

Une pièce sans issue. On lui retire ses menottes pour qu'il puisse écrire ou tourner les pages. Un gendarme demeure de faction dans le couloir et un second à ses côtés, mais le détenu demande à celui-ci d'aller chercher les liasses suivantes. Ahurissant ? Non, il s'exécute parce qu'elles sont trop lourdes pour la greffière et laisse l'ennemi public n° 1… tout seul.

Quand il revient, son collègue se lève de son banc et ouvre la porte. Et voilà Dutroux qui déboule comme un fou et les assomme à moitié avant de s'emparer d'un revolver.

La course dans le palais de Justice. Le premier gendarme qui… tombe. Le deuxième qui… renonce, au bord de l'asphyxie.

Dehors, Dutroux vole une voiture et disparaît à proximité de la rue de… l'Enfer (ça ne s'invente pas!).

Alerte générale. Cinq mille policiers qui se déploient. Frontières fermées. Ministres frappés d'aphasie. Peuple belge plongé dans la stupeur, la peur et la révolte.

Et le serpent de mer des protections de resurgir.

Dutroux se réfugie dans de vastes forêts et veut attendre la nuit pour forcer les contrôles. Mais un garde forestier l'aperçoit, reconnaît la voiture et se lance à sa poursuite, bien qu'il le sache armé. Avant de le laisser filer. Habilement. Car il n'ignore pas que le chemin emprunté par le violeur est bloqué par un arbre, qu'il va s'embourber. Alors, calmement, il va chercher des gendarmes en renfort et les dirige dans une véritable chasse à l'homme.

Pris par surprise, Dutroux panique en apercevant les chiens de ses poursuivants. A tel point qu'il en urine et défèque dans son pantalon! Avant de se rendre sans opposer de résistance.

Une cavale de trois heures s'achève, qui aura précipité la gendarmerie et la justice au comble du ridicule. Deux ministres (de l'Intérieur et de la Justice) paieront la facture. Avant que le chef d'état-major de la gendarmerie ne démissionne à son tour.

Une histoire belge qui aura fait rire (très très jaune) toute l'Europe!

Seule note positive: la Belgique s'est trouvé un nouveau héros, le jeune Stéphane Michaux, qui sera reçu au Palais royal et grâce auquel tous les gardes forestiers seront dorénavant équipés d'un téléphone mobile.

Les photos volées

Le 4 mars 2004, soit alors que le procès de Dutroux vient de s'ouvrir, *La Libre-Match* publie des photos du plus célèbre détenu de Belgique.

Prises dans la plus complète illégalité. A l'insu de Dutroux et de l'administration pénitentiaire. Par qui? Comment?

Le scandale est grand. D'autant qu'il suit d'autres dérapages tout aussi *remarquables*. Une porte de fourgon laissée ouverte ou une clé de menottes cachée dans un pot de sel!

On enquête. Et un gardien de prison se retrouve suspendu. Pour corruption passive (il aurait cédé les photos contre une rémunération *juteuse*). Il a beau nier, les coups de fil passés aux organes de presse sont sortis de son téléphone portable.

Les ballets roses

Si les magistrats Connerotte et Bourlet, rejoints par la sénatrice PS Lizin ou la médiatique Marie-France Botte (rendue célèbre par son combat contre la prostitution enfantine en Thaïlande), suivis par bien des journalistes, ont sauté à pieds joints dans l'hypothèse du réseau et des hautes protections, c'est qu'il y avait un terrain propice. Un dossier sulfureux relatif à de mystérieux ballets roses. Avec des VVIP (very VIP!). Des magistrats, un général de la gendarmerie, un ancien ministre, un promoteur richissime voire le futur roi des Belges.

Un serpent de mer de la justice belge. Qu'on a souvent appelé *le dossier Pinon*.

De quoi s'agit-il?

Vu que cette histoire a joué un rôle considérable dans nos deux dossiers, *les Tueurs* comme *Dutroux/Nihoul*, un rappel des faits s'impose.

Et on remet la ceinture de sécurité ! Turbulences en vue !

En 1979, un psychiatre, le docteur Pinon, doit affronter un divorce difficile. D'un côté, il croit que sa femme collectionne les amants. De l'autre, il a peur de perdre la garde de ses enfants. Il charge alors un détective de surveiller les allées et venues de sa future ex-épouse. Et apprend qu'elle passe la nuit dans une villa de Waterloo. Sans plus.

Etape suivante. Il donne rendez-vous à sa femme et l'interroge... alors que le détective enregistre la conversation. Puis il confie la cassette à la justice, affirmant qu'elle contient des révélations sur des partouzes impliquant de hautes personnalités et des mineurs.

Pourtant, à l'écoute, rien de probant. Dépité, Pinon se tourne vers la grande presse. Qui ne s'intéresse guère à son cas.

Coup de tonnerre. L'hebdomadaire d'extrême-gauche *Pour*, qui a accepté de rencontrer deux témoins produits par Pinon et a enregistré leur entrevue, voit ses locaux détruits par un incendie. Un coup de l'extrême-droite, on l'apprendra plus tard. Mais durant un moment, Pinon fait courir le bruit que les VIP impliqués sont passés par là.

Ses témoins présumés ont parlé de deux adolescents qui se seraient suicidés (à la suite d'abus subis) et d'une participante assassinée. Pures inventions, car le psychiatre, de par sa profession, est particulièrement apte à manipuler. Et son accusatrice principale, un jour, reconnaîtra qu'il lui a instillé *sa* vérité et qu'elle n'a jamais participé à aucune soirée de ce type.

En 1982, le dossier est classé sans suite.

Deux ans plus tard, la rumeur des ballets roses avec mineurs et hautes personnalités est relancée par un indic douteux, qui rapporte que des familles marocaines vendent leurs enfants.

La PJ mène l'enquête. En 1985, cinquante policiers et gendarmes encerclent une villa où... Opération très pro, avec des agents infiltrés dans le milieu qui ouvriront les fenêtres pour faciliter la prise en flagrant délit.

Résultat ? Rien. Des couples échangistes de 25 à 30 ans, de la bonne bourgeoisie. Mais aucun mineur ! Aucun VIP !

Avec l'affaire des Tueurs fous, le dossier ressort la tête. Des enquêteurs avancent que les tueries ont caché des assassinats ciblés, TOUS en rapport avec les ballets roses. Ainsi, le couple Jacques-Elise aurait possédé une cassette vidéo explosive, qu'il s'agissait de récupérer. Et idem pour José, le concierge de Beersel. Etc.

Des assertions dénuées de tout fondement. Lancées par des sots en quête de gloriole. Du vent !

En 1987, Pinon apporte à la justice de nouvelles cassettes, qu'il annonce explosives, puis se plaint de leur disparition. Les protections ? Non, on les a retrouvées... et il n'y a rien d'autre que de nouvelles manipulations de personnes interrogées par... le mythomane Pinon.

Et ainsi de suite. Pendant vingt-cinq ans, des témoins farfelus, des politiciens mus par des intérêts séparatistes ou républicains, vont tour à tour brandir la conspiration des hautes personnalités. En ayant bien soin d'impliquer le Palais royal.

En 1996, le serpent de mer remonte dans la foulée de l'affaire Dutroux. Des enfants disparus. Pour alimenter ces fameuses partouzes? Le mythe nourrit les fantasmes des témoins X et nos chevaliers blancs de Neufchâteau de plonger. Avec tant d'autres. Une hystérie qui veut mêler les ballets roses avec les Tueurs et Dutroux. Avec Nihoul comme médiateur.

Avec le recul et la démonstration d'une équipe de la télévision belge, le dossier des ballets roses se referme aujourd'hui. Pour avoir défendu Nihoul, cette même équipe de télévision, réputée auparavant pour son courage et sa rigueur, a été l'objet d'attaques virulentes et accusée de participer au tentaculaire complot des hautes protections.

Pourtant, ce sont les mêmes journalistes qui ont plus tard ouvert les yeux de la justice française sur les erreurs de l'affaire Outreau. Oui, ce scandale qui a déstabilisé la France, dans lequel une série d'innocents ont été victimes de rumeurs et considérés comme des coupables avant même d'être interrogés puis jugés.

Des vies brisées par l'abject dicton *Il n'y a pas de fumée sans feu!* Et par le fantasme collectif du complot.

Le procès Dutroux

En 2004, donc, le procès Dutroux, prévu depuis... 2000, se tient enfin à la cour d'assises d'Arlon, à l'extrémité méridionale de la Belgique, à 200 km de Bruxelles. Pourquoi si loin? Pour prévenir les débordements populaires?

Le dossier? Si touffu (450000 pages!), si encombré de pistes diverses, que sa gestion, sa maîtrise ont fini par dépasser les limites d'une Commission, d'un procès, voire d'un cerveau humain.

Convaincus que la raison d'Etat interdit qu'on fasse la pleine lumière sur les faits et écœurés depuis le dessaisissement du juge Connerotte, les Russo ne se déplacent même pas, tandis que les Lejeune viennent... sans avocat.

Les prévenus ?

Dutroux se mure dans son silence, à l'exception de quelques sorties.

Michelle Martin a obtenu le divorce quelques semaines auparavant. Sur les conseils de son avocat ? Pour prendre officiellement ses distances avec le monstre ?

Michel Lelièvre, un sourire au coin des lèvres, semble éthéré, distrait, sinon absent. Des experts le décriront comme immature et mythomane, affabulant pour se rendre intéressant, séduire ou attirer la compassion. Il n'aurait fait la connaissance de Dutroux que très tardivement, après mai 1995. Ce qui laisse un peu de place à une hypothèse voulant qu'il ait kidnappé Julie et Mélissa avec un complice X... avant de les *revendre* à Dutroux.

Nihoul, lui, oscille (plus habilement ?) entre courtoisie et indignation.

Curieusement, la défense de Dutroux rejoint les théories émises par Connerotte ou Bourlet... et dénonce l'existence d'un réseau, refusant l'idée du prédateur isolé. Mais elle n'est pas suivie, parce que beaucoup (politiciens, familles, citoyens, etc.) ont envie d'en terminer. Maître Magnée a beau citer mille indices de ramifications et de collusions, évoquer des dizaines de morts ou d'accidents mystérieux arrivés à des témoins ou acteurs du dossier, rien n'y fait.

Verdict

Après quatre mois d'audience, Marc Dutroux est reconnu coupable.

D'association de malfaiteurs menant à l'enlèvement d'enfants (comme leader) ou au trafic de drogue.

Coupable du rapt de Julie et de Mélissa, d'An et d'Eefje, de Sabine et de Laetitia.

Coupable de l'assassinat des adolescentes flamandes et de Weinstein. De la séquestration des ferrailleurs Pierre et Philippe (et de leur amie Bénédicte), ainsi que de toutes les victimes précédemment citées.

Coupable du viol des six disparues et de quelques filles de l'Est.

Marc Dutroux, ainsi jugé, a été condamné à la réclusion à perpétuité, peine assortie d'une garantie : dix années de mise à la disposition du gouvernement (pour éviter un scandale en cas de libération conditionnelle).

Michel Lelièvre ?

Coupable de participation à une association de malfaiteurs impliquée dans les enlèvements et les séquestrations d'enfants, dans un trafic d'êtres humains.

Coupable des enlèvements et de la séquestration de Sabine et de Laetitia, d'An et d'Eefje.

Coupable de trafic d'ecstasy.

Condamné à vingt-cinq ans de réclusion.

Michelle Martin ?

Coupable d'association de malfaiteurs impliquée dans des enlèvements et séquestrations d'enfants, et de la séquestration proprement dite des six disparues, avec la circonstance aggravante d'avoir entraîné la mort de Julie et de Mélissa.

Coupable de complicité aussi dans le viol de la Slovaque Yanka.

Condamnée à trente ans de réclusion.

Reste le cas le plus épineux, celui de Michel Nihoul. Dont le sort conclut le procès en plaçant ses conclusions au diapason de tout le dossier : en pleine polémique.

En effet, sept jurés sur douze l'ont reconnu *auteur* d'enlèvements d'enfants. La majorité. Mais pas suffisante selon le système belge. D'où le recours à la magistrature, qui choisit de s'aligner sur… la minorité. A défaut d'être reconnu *auteur*, Nihoul aurait pu se retrouver *complice*, mais non, le jury populaire le décharge. Par dépit ? Et le voilà acquitté dans ce dossier.

Mais condamné à cinq ans, tout de même, pour association (et leadership) de malfaiteurs impliquée dans un trafic de drogue, de voitures, de documents d'identité.

En 2006, il a été libéré. Au grand dam de certains. Mais à la satisfaction d'autres, qui croient à sa totale innocence.

L'ogre des Ardennes

Le loup et la brebis, qui n'en était pas une

Le 26 juin 2003, dans la région namuroise (au centre du pays), une camionnette s'arrête à hauteur d'une fillette de 13 ans, Marie-Ascension, un homme se jette sur elle, la ligote et la cache à l'arrière de son véhicule.

Un épisode qui rappelle les rapts des Dutroux et Lelièvre. Mais le prédateur, ici, agit seul. Et il n'utilise pas de somnifère.

Plutôt que de s'abandonner au désespoir, Marie-Ascension s'échine à se libérer des liens qui l'entravent. Et soudain… Elle a réussi. Profitant d'un arrêt, elle s'échappe et se met à courir.

Plus loin, deuxième coup de chance. Une automobiliste la remarque et l'embarque. La fillette, en état de choc, raconte son aventure à la conductrice stupéfaite.

Troisième coup de chance. Leur véhicule croise la camionnette, la jeune fille la reconnaît, on note le numéro de plaque et on informe la police.

C'est le début de la fin pour un prédateur isolé, Michel Fourniret, qui sévissait depuis des années en toute impunité. Loin du tapage médiatique orchestré autour des Dutroux, Lelièvre, Nihoul et autres Derochette.

Michel Fourniret

Né en France (en 1942), Fourniret y a été condamné pour des faits de voyeurisme et de violence, de viol sur mineures de moins de 15 ans. Trois fois! En 1966, 1973 et 1987.

Après quelques années en prison, il a choisi d'émigrer en Belgique et s'est installé en 1992 dans un petit village des Ardennes belges, à deux pas de la frontière, où il vit avec sa femme Monique Olivier et son fils.

En Belgique, personne ne connaît son passé, car les dossiers ne passent pas d'un pays à l'autre (!). Et le voilà même un temps, peu avant son arrestation, employé dans une cantine scolaire.

Dès son interpellation, les polices de France et de Belgique le croient impliqué dans une série de disparitions ou de morts non élucidées qui ont eu la zone frontalière pour cadre. Et on cherche. D'abord, en vain.

De terrifiantes révélations

Ayant appris la lourde peine encourue par Michelle Martin (NdA: le procès Dutroux vient de se terminer), Monique Olivier, fin juin 2004, se met à parler.

Stupeur des enquêteurs.

Selon la dame, son mari aurait commis neuf assassinats. Dont celui d'Elisabeth Brichet, dont on avait beaucoup parlé lors de l'affaire Dutroux.

On se remet à cuisiner Fourniret. Qui avoue. Six assassinats. Quatre jeunes filles et une adulte en France, Elisabeth Brichet en Belgique (12 ans, disparue à Saint-Servais, près de Namur, le 20 décembre 1989).

Le 1er juillet, Fourniret allonge la liste.

Deux autres jeunes filles (18 et 13 ans) et un représentant de commerce.

Notre homme ne tue donc pas que pour des raisons sexuelles. Il a tué le représentant ou l'adulte Farida pour les voler. Comme il a braqué un salon de toilettage à Jambes (province de Namur), en 1995.

Face à ses interrogateurs, il s'explique.

Sur ses pulsions. Il éprouve une irrésistible attirance *pour la grâce et la virginité* des adolescentes.

Sur sa technique. Il se balade en voiture dans la nature, repère une proie et lui demande de monter pour l'aider à trouver son chemin. Chez lui, il viole la jeune fille puis, dans les 48 heures, il s'en débarrasse, de préférence en l'étranglant.

Des fouilles sont organisées autour d'un château des Ardennes françaises, où les Fourniret ont vécu. On y retrouve deux cadavres, dont celui... d'Elisabeth Brichet. Nouveau coup de canif dans la théorie des réseaux.

Puis Fourniret révèle où il a caché une autre victime. Au fond d'un puits.

Bizarrement, en dépit des nouvelles déclarations de son épouse ou du zèle des enquêteurs qui voudraient lui *coller*... une trentaine d'homicides, Fourniret nie tout crime entre 1990 et 2000. Enfin, si. En 1998, il aurait enlevé et violé une jeune Française d'origine africaine, mais lui aurait laissé la vie sauve.

Un rebondissement inattendu

Une journaliste de *Libération* va résoudre une énigme qui laissait les enquêteurs pantois. Comment Fourniret avait-il pu acquérir domaine et château ?

Eh bien, il… a mis la main sur un trésor ! Le *trésor de guerre* du fameux *gang des postiches* !

Comment ? En prison, il a côtoyé un ami du gang, évadé par hélicoptère (!) de la prison de Rome, qui lui a demandé, ainsi qu'à un autre codétenu, d'aller récupérer le butin dissimulé dans un cimetière parisien. Fourniret a trahi tout le monde, tuant même Farida, la compagne de son comparse, pour s'emparer d'un prodigieux magot.

Les enquêteurs belges retrouveront le reliquat du trésor dans une lessiveuse : 25 000 euros (tout de même !) en pièces espagnoles, mexicaines ou louis d'or.

Suite du dossier

De nouvelles fouilles, dans sa propriété belge ou en France, ne donnent rien.

Fourniret, dorénavant, refuse toute collaboration, comme son extradition volontaire vers la France.

En septembre 2004, un rapport d'expertise le juge responsable de ses actes.

En novembre, on apprend que le représentant de commerce a survécu. Une ardoise très chargée qui s'amenuise un peu : de neuf à huit morts.

Fin novembre, la reconstitution du décès d'Elisabeth démontre la participation active de Monique Olivier à son enlèvement.

Fin juin 2005, de nouvelles fouilles exhument les restes du corps d'une fillette, dont une première partie avait été découverte en 2002.

Les justices belge et française se mettent d'accord :

on va centraliser tous les dossiers criminels tournant autour de Fourniret et organiser un seul procès d'assises, à Charleville-Mézières, dans les Ardennes françaises (où le monstre a séjourné et commis plusieurs meurtres), vers la fin 2006 ou en 2007.

En janvier 2006, Fourniret, malgré ses protestations, est extradé vers la France.

Impressions et conclusions

Les motivations de la gendarmerie

On a accusé la gendarmerie de tous les maux. Et il est vrai qu'elle a caché ses informations.

Pourquoi ?

Pour récolter tous les lauriers ? Asseoir sa puissance, sa prédominance ? Voire contrôler l'Etat, comme pourraient le démontrer les investigations menées sur les parlementaires de la Commission ? Voire la volonté de mouiller des magistrats ou des policiers ? Comme Zicot, dont une nouvelle enquête de notre fameuse équipe de la télévision a rétabli l'honneur.

Evidemment, il ne me revient pas de résoudre des mystères que la police, la gendarmerie et la magistrature, une commission parlementaire, un procès et de nombreux auteurs n'ont pu élucider. Mais, pour m'être immergé dans des centaines de pages d'interrogatoires et de reconstitutions diverses, avoir écouté (et relu, et confronté) les paroles des uns et des autres, avoir longuement cogité des heures et des jours, une nouvelle lecture des dysfonctionnements m'est apparue. Une hypothèse de travail. Sans plus.

Et si la gendarmerie avait estimé posséder d'excellentes raisons de se méfier de la PJ et de la magistrature de Charleroi ?

Que faire quand Pettens se présente avec les révélations de Thirault ? Un dossier formidable qui fait de Dutroux le suspect n° 1 de l'enlèvement des fillettes. Mais si on parle à quelqu'un de la PJ ou de la magistrature, l'information va circuler et... arriver aux oreilles du bandit. Alors ? On se tait. Et l'on s'en remet à l'état-major et au BCR, qui avalisent (ou ordonnent) le silence. Et on tente de faire au mieux pour attraper le monstre, sauver Julie et Mélissa.

On a dit pis que pendre du travail de Lesage/Gilot, à Liège, ou de nos gendarmes de Charleroi. Or relisez cet ouvrage. Qui dénonce Dutroux dès les premiers jours de l'enlèvement de fillettes ? Pettens et ses collègues de Charleroi. Pettens qui a accompli un travail formidable depuis 1992 (mise en examen de seize personnes dans le cadre d'un dossier vol de voitures) et 1993 (infiltration de Thirault parce qu'il devine que Dutroux est quelqu'un d'inquiétant, découverte de ses projets et de son implication dans des vols d'une ampleur pharaonique). Pettens qui a tout compris avant tout le monde et qui le dit. A ses supérieurs. Aux collègues de Liège. Un Pettens travailleur, compétent et honnête. Qui surveille les propriétés de Dutroux en dehors de ses heures de service et devient la bête noire du monstre (qui se plaint de harcèlement... auprès du parquet).

Quant à Lesage et à Gilot, leur comportement reste nébuleux. Mais, s'il leur a été interdit d'informer le commissaire Lamoque et la juge Doutrèwe pour éviter des fuites vers la PJ et la magistrature du *pays noir*, que devaient-ils faire ? Car n'oublions pas que Lesage a donné suite aux informations de Charleroi. Et ces pertes de temps que nous ne nous expliquions pas pourraient être dues à la réflexion, au désarroi. Car comment faire avancer l'enquête tout en laissant la tête de la cellule hors du coup. Sans exclure un blocage du BCR, qui semble avoir pris les commandes à un moment donné alors que son rôle devait se borner à un soutien des unités locales.

Si la hiérarchie de la gendarmerie est persuadée, à tort ou à raison, que la magistrature ou la PJ peuvent gâcher l'enquête, on pourrait comprendre (sans l'approuver le moins du monde) la suite des événements. Qui ressemble à un incroyable *un pas en avant, deux pas en arrière.*

Je ne crois pas à l'incompétence de la gendarmerie. Tant d'autres enquêtes et celle-ci aussi prouvent le contraire.

Elle a réalisé un dossier en béton dès le départ, elle a organisé des opérations de surveillance et des perquisitions, elle a fini par démasquer Dutroux. Car que l'on ne s'y trompe pas. Ce ne sont pas les magistrats Bourlet et Connerotte qui ont trouvé la faille mais des gendarmes. Doutrèwe eût-elle reçu l'information sur la plaque minéralogique de Bertrix, sans doute un cliché l'aurait-il immortalisée auprès de Sabine et de Laetitia.

Je ne crois pas à l'incompétence de la gendarmerie, donc. Mais à sa droiture? Doit-on choisir entre les camps PJ/magistrature et gendarmerie? Qui possède toutes les cartes pour le faire?

Cela dit, si l'état-major a instauré le black-out, y a-t-il eu des fuites par Michaux ou Pettens? Est-ce pour cela que ce dernier, qui aurait dû se présenter comme un héros devant la Commission, y est apparu inquiet et mal dans sa peau, craignant pour sa carrière? Un comble. Et que dire de René Michaux, lâché par presque tous ses collègues et présenté comme le responsable de la mort des fillettes ?

Le cas Michaux

Michaux, l'antihéros de la Commission puis du procès. Dont la conduite est si étrange qu'on se demande s'il a été téléguidé, manipulé par sa hiérarchie ou si, au contraire, il a joué les électrons libres... pour de bonnes ou de mauvaises raisons.

Michaux. L'homme qui a laissé mourir les fillettes, la honte de la gendarmerie ?

Michaux au pilori, donc, pour ses perquisitions ratées des 13 et 19 décembre 1995.

Jean-Denis Lejeune, lors de son audition, a déclaré qu'il était impossible de ne pas déceler la cage des enfants. Et il a été suivi par les commissaires, les médias, la population.

J'allais toucher un mot en faveur de Michaux. Rappeler que Bourlet et Connerotte, les héros de Neufchâteau, avaient eux aussi envoyé des hommes perquisitionner chez Dutroux. Trente, qui y ont passé trois heures et qui disposaient de moyens importants. En vain.

J'allais... Quand j'ai appris que cette troisième perquisition, celle du 13 août 1996, avait été dirigée par... Michaux. Oui, l'ineffable Michaux, parachuté par sa hiérarchie *dans les pattes* de Bourlet et de Connerotte. J'en ai perdu mon latin.

A y regarder de plus près, cette troisième perquisition paraît... *aussi salopée* (pour reprendre l'expression d'un collègue de Michaux) que les précédentes. Ainsi, les chiens entrent en action après que les experts du labo PJ ont travaillé un peu partout. Et ceux-ci ont commencé à procéder après... l'invasion des lieux par les gendarmes.

Bizarre. Mais il y a encore beaucoup plus troublant.

Revenons à la première perquisition, celle où l'on aurait entendu, dit-on, Julie et Mélissa.

A vrai dire, il n'a jamais été question de ces voix avant... le mois d'août 1996. Aucune mention dans le procès-verbal. Non, il faut attendre la découverte de Sabine et de Laetitia pour que Michaux, d'un coup de baguette magique, recouvre soudain la mémoire et relate l'incident (?) au juge d'instruction Connerotte. A sa manière. Près d'un an plus tard.

Pourquoi? Pour faire croire que Julie et Mélissa étaient présentes, quitte à paraître l'idiot du village, comme certains l'ont subodoré, pistant un complot abyssal? Ou alors parce que notre Michaux devinait que le serrurier qui l'accompagnait lors de la visite allait un jour s'épancher?

Lors du procès, le serrurier a été entendu, interrogé. Et... les bras m'en tombent.

Si l'on suit le serrurier (et pourquoi en douter?), Michaux est descendu seul à la cave en sa compagnie. Ce qui est déjà étonnant. Pourquoi se priver de l'observation de l'un ou de l'autre collègue?

Soudain, des voix. De fillettes. Entendues distinctement PAR LE SERRURIER! Il se tourne vers Michaux qui crie... *Taisez-vous!* Et obtient un silence complet, évidemment. Mais si Michaux, comme cela a été démontré, sait qu'il cherche Julie et Mélissa, pourquoi cet ordre? Pourquoi, surtout, ne pas appeler ensuite, encore et encore, les deux disparues? N'auraient-elles pas répondu à l'exclamation de leurs prénoms?

Le serrurier insiste, certain de ce qu'il a entendu, il voudrait tout démonter. Mais Michaux lui répond qu'il s'agit d'enfants jouant dans la rue… alors qu'on est un mercredi matin… en décembre !

Le serrurier insiste encore. Et se fait rappeler à l'ordre. *Qui est le flic ici ?*

Terrible.

D'autant que Michaux a parlé de chuchotis… contredisant sa théorie des enfants dans la rue.

Le serrurier ira plus loin, lors de son audition, et déclarera (sous serment) : *Je ne connais pas une seule personne qui, descendue à la cave pour y chercher des gamines, ayant entendu ce que nous avons entendu, serait ressortie.*

Alors ?

Incompétence ? Crime ? Et si oui, pour le compte de qui ?

Maître Magnée, l'avocat de Dutroux, a mis en évidence que Michaux aurait placé Pettens sous l'éteignoir.

Idem concernant le remarquable policier Dubois et ses informations relatives aux Mercedes blanches.

Idem concernant le commissaire De Windt, qui voulait perquisitionner chez Dutroux dans le cadre de la séquestration des ferrailleurs, et qui s'est vu opposer un veto farouche par… celui qui, dans la foulée, a été obligé de perquisitionner lui-même le… 13 décembre 1995.

Mais qui est donc ce Michaux ? Un pauvre type ? Un brave gars transformé en victime expiatoire par un complot ? Ou un manipulateur exceptionnel ?

Lâché par ses collègues et sa hiérarchie, il a fini par incriminer celle-ci et le BCR, évoqué un pacte entre la gendarmerie et le monde politique, jouant les mystérieux qui ne peuvent parler sous peine de… Mais *promis, juré*. Il déballe tout le jour de son départ à la pension. Du vent ?

NdA. En cet été de 2006, j'ai revu Michaux à la télévision. Bien qu'il ait été frappé par un cancer et ait failli mourir, il n'a toujours rien lâché. Du vent, donc ?

La mort de Julie et de Mélissa

Les fillettes sont-elles mortes de faim dans la cage ? Cette théorie s'appuie sur le seul témoignage de Dutroux… relayé par les confidences de Michaux sur les voix du 13 décembre. Et celles de Martin, qui n'avait pas intérêt, pourtant, à avouer ne plus avoir osé s'aventurer dans la cave. Pourtant, un nutritionniste est venu déclarer qu'elles ne pouvaient avoir survécu cent quatre jours dans ces conditions. Il aurait fallu qu'elles disposent de… trois cents litres d'eau. Sans parler des conditions d'hygiène.

Dutroux est alors revenu sur ses précédentes déclarations et a dit les avoir trouvées mortes toutes les deux à son retour. Pourquoi ce mensonge ? Pour faire croire qu'il a essayé d'en sauver une ?

On oublie souvent qu'il y eut une seconde perquisition le 19 décembre. Or, si des scellés ont été placés dès le 7 et que les fillettes ont passé douze jours dans un total abandon, malgré quelques réserves, comment imaginer qu'elles aient pu ne pas hurler en entendant du bruit dans la cave ? Six longues journées après le précédent passage. Elles devaient être à bout, ne plus rien avoir à perdre. La peur des *patrons* ancrée par Dutroux ? Aurait-elle encore été assez forte ?

Et ces blessures (dont l'examen a été très mal exécuté, d'après des experts américains) ? Ces corps ligotés ?

Je suis partagé entre l'horreur et le doute absolus.

Le plat de spaghettis le plus indigeste de l'Histoire

L'incartade du bon et vaillant juge Connerotte a paru surréaliste pour maints professionnels. Et la question se pose : s'est-il volontairement fait piéger par les spaghettis ?

Si oui, pourquoi ? Voulait-il se libérer du carcan d'une pression insoutenable, alors qu'il venait de se marier ? La peur de représailles d'un réseau (NdA : il était hyper-protégé alors que son successeur ne le sera pas du tout) ? La prise de conscience des impasses où menaient les investigations sur Abrasax, Nihoul, les pistes X, le bois de Heigne... et la volonté de se sortir du guêpier en beauté ?

Vu la qualité du magistrat, on s'interroge.

Les réseaux

Nier leur existence à droite ou à gauche, en Europe ou dans le monde, serait aussi stupide que de tout vouloir expliquer par eux. Et puis il faut s'entendre sur le sens du mot *réseaux*.

Une organisation soigneusement huilée, avec de hautes personnalités à sa tête et des commandos aguerris ? Je n'y crois guère. Du moins pour l'instant, en Belgique. On a vu comment les pistes X s'étaient effondrées. Surtout comment l'hypothèse des ballets roses avait vu le jour. Mais observons calmement les faits.

Dutroux ne supporte pas les ordres et ne pourrait faire office d'homme de main. Un patron de PME ?

Que n'a-t-on surestimé son envergure ! Oui, c'est un remarquable manipulateur et un formidable bricoleur. Oui. Mais un bricoleur, justement. Car que d'improvisations. L'enlèvement d'An et d'Eefje est décidé sur un coup de tête et, si l'on en doute, la panne et le recours à des touristes en disent suffisamment long. Et Julie et Mélissa elles-mêmes ? Un autre coup de sang, car les caches n'étaient pas achevées. Et Laetitia ? Pour faire plaisir à Sabine ! En faisant un vacarme incroyable à la suite d'un problème d'échappement. Pas de fausses plaques non plus. Et on continue malgré les perquisitions. Pas très sérieux, tout ça. Non, c'est l'œuvre d'un malade qui ne maîtrise pas ses pulsions et qui *fait avec*, se protège au maximum... après coup.

Qu'il ait été tenté de vendre ou de louer les filles, sans doute. Qu'il y soit parvenu à l'occasion, peut-être. La prison ou ses trafics lui ont fait connaître un lot de dépravés de toutes sortes. Mais... Sabine (en trois mois !) et Laetitia n'ont vu que le seul Dutroux (hormis le moment de leur enlèvement). Les quatre autres victimes n'ont pas disparu dans un autre pays ou une autre ville, mais ont fini dans un jardin wallon. An et Eefje très peu de temps après leur enlèvement. Alors...

Surtout la suite des enquêtes a démontré que plusieurs prédateurs avaient été/sont à l'œuvre. Avant Dutroux, on avait évoqué Haems, le violeur d'Ekeren, ou De Beuckelaer, l'assassin d'Inge et d'Inès. Entre autres. Mais, depuis l'arrestation du monstre de Marcinelle, on a relié Loubna à Derochette, Elisabeth et tant d'autres à Fourniret.

Des développements qui amenuisent la piste du grand réseau, indubitablement. Comme les révélations sur les ballets roses. Ou le fait que Dutroux, contrairement aux prévisions de nombreux observateurs, soit toujours en vie et n'ait pas été réduit opportunément au silence en prison.

Avouons cependant qu'il reste de nombreuses zones d'ombre.

Les Mercedes blanches, les promenades nocturnes de

notre psychopathe. Rumeurs, hallucinations ou indices de ses trafics divers ? Mais lesquels ?

Et Michel Nihoul ? De nombreux témoignages l'incriminent. Cent quatre-vingt-six personnes l'auraient vu tenter d'enlever telle ou telle jeune fille ! Sur une période de trois mois ! Ridicule. Et il faut admettre qu'il n'y a rien de plus aléatoire qu'un témoignage. Pour rappel, An et Eefje ont été aperçues à de multiples reprises sur le littoral espagnol, et même par un ami de la famille Lambrecks, trois mois après... leur décès.

A la décharge de Michel Nihoul, insistons sur un point : il n'y a aucune preuve. Et M. Lambrecks lui-même (peu populaire parce que très discret, mais d'une honnêteté intellectuelle et d'une sobriété admirables) a demandé à ses avocats de retirer toute poursuite à l'égard d'un... innocent. Par respect pour sa fille Eefje, éprise de justice.

Une réflexion pour conclure

L'existence d'un réseau et de très hautes personnalités faisant jouer des protections serait très... rassurante. Car, en excluant la solution d'une formidable puissance occulte responsable des déraillements de l'affaire, on se trouve face à une réalité bien plus troublante. Car l'affaire Dutroux nous tend un extraordinaire miroir. Oui, la société belge est responsable de la création d'un univers qui banalise la violence ou le désordre, la saleté, qui privilégie les droits du coupable face à ceux de la victime, où chacun se préoccupe de son petit confort matériel et s'éloigne de toute forme de souci, d'engagement, de risque. Où sont l'éthique, la responsabilité citoyenne ?

Dans cette hypothèse, nous serions tous, ou presque, coupables de la mort de nos enfants. Et la marche blanche ? Une aspiration à l'idéal, soit. Et c'est magnifique. Mais combien d'assassins, de pédophiles, de criminels de toutes sortes se seront mêlés aux légions immaculées ?

L'hypocrisie d'une société qui laisse perdurer l'exploitation des enfants (le tourisme sexuel, le travail pour des multinationales) ou leur fauchage journalier (des centaines de décès dus aux voitures chaque année).

Savez-vous que l'une des façades qui ont affiché le plus généreusement la photo de Julie et de Mélissa... abritait un enfant battu ?

Table des matières

Les crimes cannibales

Etienne Jallieu

L'Allemagne a, pour sa part, une longue liste de tueurs cannibales. Chaque criminel ajoute sa part d'horreur, l'un tue et mange des enfants, l'autre tue des femmes ou des hommes et déguste de la chair humaine. Le Cannibale de Rotenburg mange avec sa victime consentante le sexe de cette dernière après l'avoir fait cuire dans une poêle. Il le tue, le découpe et congèle des petits paquets de chair bien étiquetés, à consommer plus tard. Il invite des amis à dîner… Vous trouverez dans ce livre d'autres cas terrifiants qui vous sont rapportés comme celui du tueur cannibale et nécrophile sud-africain Stewart Wilken et l'Ogre du Montana, ils avaient tous les deux une chose en commun, ils aimaient tellement les enfants…

ISBN
2-940349-02-9

Les légistes enquêtent

Hans Pfeiffer

Cette partie de la science est l'une des moins connues du grand public. Aujourd'hui la génétique permet de reprendre et d'élucider des cas qui depuis des années restaient non résolus et même d'innocenter de faux coupables. Aux Etats-Unis des prisonniers condamnés à mort ont été blanchis et les responsables enfermés. L'histoire des trois os nous rapporte comment un médecin légiste du début du XXe siècle a résolu un meurtre à partir de trois fragments d'os. Le poison souvent employé car indécelable, ne l'est plus actuellement grâce aux nouvelles techniques d'analyse. En fait les légistes font raconter aux corps leur dernière histoire afin de ne pas laisser leur mort impunie.

ISBN
2-940349-00-2

Ces femmes qui tuent sauvagement

Mike James

Qu'est-ce qui pousse des femmes à commettre des crimes d'une cruauté inimaginable?
Ce livre relate des faits réels, étudiant les motifs et les causes qui en font des tueuses sauvages.
Lors de son voyage de noces, l'une d'elle tue, découpe et grille au barbecue les côtes de son mari, qu'elle déguste. «C'était comme au restaurant», dira-t-elle aux enquêteurs. Chaque récit que nous vous rapportons vous mène à la limite extrême du concevable.

ISBN
2-940349-03-7

Fans jusqu'à tuer

David Harvey

Des millions d'hommes et des femmes suivent, avec beaucoup d'intérêt, la vie des célébrités à travers les médias, mais certains avec une passion telle, qu'ils arrivent à s'imaginer avoir une relation réelle voir passionnelle avec l'une d'elles.
Des personnalités comme Spielberg, Brad Pitt, Madonna, Jody Foster ont été poursuivies par des harceleurs qui ont été contraints, par les tribunaux, de cesser d'importuner leurs victimes parfois avec l'aide de longues condamnations à la prison. John Lennon et Gianni Versace ont payé de leur vie cette célébrité, cause d'envie, de jalousie et d'amour impossible. Comment un fan se transforme-t-il en un meurtrier et en vient-il à tuer son idole?

ISBN
2-940349-01-0

Les couples sanglants

Patrick Blackden

Le beau couple canadien Paul Bernardo et Karla Homolka semblait être l'image même de la réussite. Personne n'aurait pu imaginer qu'ils se droguaient, violaient et tuaient des jeunes femmes ensemble pour assouvir les besoins et phantasmes sexuels de Bernardo. Que dire de Fred et Rose West qui ont commis dans leur maison à Gloucester en Angleterre des crimes innommables. Violant et tuant leurs propres enfants, ainsi qu'un grand nombre de jeunes filles pendant près de 20 ans. Rien n'inspire plus d'horreur et de fascination que les couples qui, ensemble, tuent pour le plaisir. Obsédés par leur folie partagée, leur attraction est toujours fatale et leurs actions cauchemardesques.

ISBN
2-940349-04-5

Serial killers
Les nouveaux monstres

Etienne Jallieu

Une «veuve noire» qui empoisonne ses amants, un pédophile qui étrangle ses victimes, deux tueurs sadiques qui violent et torturent des auto-stoppeuses, une profileuse qui traque un serial killer meurtrier de dix-sept femmes, un «boucher fou» qui terrorise Cleveland poursuivi par Eliot Ness, le célèbre policier des «Incorruptibles»... Ce sont ces «nouveaux monstres», ces tueurs en série popularisés par des films tels que Le *Silence des agneaux* ou *Seven* et dont les crimes sont ici retracés par «Etienne Jallieu», pseudonyme de Stéphane Bourgoin, le spécialiste français des serial killers.

ISBN
2-940349-05-3

Crimes de femmes

Jacqueline Sergent Cahen

Narration sous forme journalistique de faits divers réels dans lesquels les femmes sont des meurtrières dans le cadre de ce que l'on appelle des crimes passionnels. Les condamnations sont souvent beaucoup plus lourdes pour elles que pour de mêmes meurtres commis par des hommes.

Jacqueline Sergent Cahen relate les faits avec humanité mais laisse toutes les questions en suspens, à vous de voir...

ISBN
2-940349-06-1

Crimes sur Seine

Jean-Frédéric Tronche

Jean-Frédéric Tronche, journaliste chevronné, grand reporter pendant quinze ans pour *France soir* a eu beaucoup de mal à choisir parmi les faits divers qui ont eu lieu dans la capitale, quelques-unes des «Histoires vraies» qui l'ont marqués. La cavale meurtrière de Florence Rey et Audry Maupin qui ont causé la mort de nombreuses personnes. Guy Geor-ges, violeur et tueur en série, surnommé «Le tueur de l'est parisien». H. B. «Human Bomb», cadre au chômage qui prend une classe d'école maternelle en otage pour mourir. Jean-Thierry Mathurin et Thierry Paulin, «Les tueurs de vieilles dames». On leur attribue plus de trente meurtres. Et il y a encore beaucoup à raconter...

ISBN
2-940349-08-8

Ogres, Vampires et Démons

Sarah K.

L'histoire rivalisant de cruauté avec la modernité pourrait être un constat rassurant. Oui, mais... Vous noterez, dans ce volume, la confirmation d'un adage très galvaudé: *La réalité dépasse la fiction.* Tous les criminologues en confirment la véracité. Et cela, ce n'est guère rassurant. Certaines figures légendaires ont trouvé vie ailleurs que dans les contes. Par exemple, celle de l'Ogre qui tue les enfants pour les dévorer... Une foule de héros légendaires vous feront frémir au fil des pages. Après Dracula, il est d'usage de citer Frankenstein. La célèbre créature, passant de l'autre côté du miroir littéraire, s'est faite, elle aussi, de chair et d'os dans la réalité...

ISBN
2-940349-09-6

Sex Killers

Brian Marriner

ISBN
2-940349-10-X

La notion de «Sex Killers» se limite aux tueurs dont l'unique motivation est d'ordre sexuelle. Cet ouvrage souligne les liens effrayants entre la violence et le sexe et les fantasmes meurtriers. Il s'agit d'un livre qui raconte tout sur ces horribles meurtres qui sont, en fin de compte, une corruption de la pulsion sexuelle qui est normalement un espoir de vie. La police possède, aujourd'hui, des armes scientifiques pour combattre les criminels, telle que l'ADN. Bien que relatant des faits épouvantables et atroces, le message de cet ouvrage est que les coupables ont de moins en moins de chances d'échapper à la justice. La mentalité de notre société du XXIe siècle à évolué de sorte que les victimes d'agressions sexuelles n'ont plus honte de porter plainte auprès de la police.

Le Crime et la Mer

Philippe Remy

ISBN
2-940349-11-8

Si la mer évoque, aujourd'hui, les vacances, pendant des siècles, celle-ci faisait peur aux hommes. Habitée par des monstres marins, parcourue par des matelots aventuriers, cruels et même parfois cannibales. Ils sont à la recherche d'or et d'esclaves, ce sont les pirates et les flibustiers. La mer, est le lieu idéal pour tous les crimes, de l'antiquité à nos jours. La criminalité maritime est un sujet très particulier puisque régie par ses propres lois. Allant de la piraterie à l'escroquerie en passant par la mutinerie jusqu'au terrorisme. Ce thème englobe quasiment toute l'histoire maritime de l'humanité passée présente et même future...

Meurtres à Hollywood

Hélène Merrick

ISBN
2-940349-13-4

Parler d'Hollywood, c'est le glamour, les peoples, la richesse et la puissance; le rêve quoi. Nous allons vous faire pénétrer dans un monde que vous ne soupçonnez pas, un monde d'horreur, de peur et de souffrances. Sharon Tate, la magnifique femme de Roman Polanski, enceinte de 8 mois, massacrée de 16 coups de couteau. Une autre victime LaBianca, assassinée de 41 coups de couteau par Charles Manson et sa «famille» maudite. La rencontre entre John Lennon, un défenseur acharné de la paix et Mark David Chapman, un looser-tueur qui considérait que la mort de son héros lui apporterait la notoriété qu'il méritait...

Crimes sataniques

Steven Goldstein

ISBN
978-2-940349-12-6

Le satanisme, une vue religieuse; Le satanisme, une approche politico-matérialiste; Les bêtes de Satan ou le Diable revisité en Italie; Meurtre dans la cathédrale de Santiago; Sacrifice humain à Athènes; Richard Ramirez, «le Fauve de la nuit» de Los Angeles; «Les éventreurs de Chicago»; Sean Sellers: J'ai fait tout ce que le diable m'a dit...; Le Meurtre de Balgach en Suisse; Hendrik Möbius, le meurtrier nazillon, Sataniste et son frère...; Madame et Monsieur Ruda vous invitent à passer votre dernière soirée...; Jodi Jones 14 ans, le Dahlia noir de la forêt écossaise; Après les Bêtes de Satan, en 1998, l'Italie n'en a pas terminé avec le Malin...

Crimes politiques

Thierry Quinsat

ISBN
978-2-940349-14-2

Un siècle d'assassinats politiques, en France et en Europe. Depuis les exploits des anarchistes de la *Bande à Bonnot,* en 1911 à Paris, jusqu'à l'assassinat du cinéaste Théo Van Gogh, le 2 novembre 2004. Dix meurtres politiques sont reconstitués avec minutie et replacés dans le contexte politique de chaque époque: le meurtre du tribun socialiste Jean Jaurès; l'attentat du Petit-Clamart contre De Gaulle en 1962; le massacre du restaurant Goldenberg à Paris, en Août 1982; l'assassinat du premier ministre Olof Palme, en Suède; la saga sanglante d'*Action Directe* en France, en 1986; celui du député belge André Cools; l'attentat sanglant du métro Saint-Michel en 1995 à Paris....

Escrocs et voleurs

Philip Wilkin

ISBN
978-2-940349-20-3

Alexandre Jacob, le gentleman cambrioleur (1879-1954). L'anarchiste/cambrioleur qui a inspiré la création d'Arsène Lupin. Une carrière prodigieuse et une vie paradoxalement édifiante. John Romulus Brinkley (1885-1942), le plus grand charlatan de l'histoire de la médecine. Le comte Lustig, un fameux loustic, l'homme qui vendit la Tour Eiffel. L'homme de Piltdown (1912, supercherie éventée en 1953), le premier Anglais, l'un des plus célèbres faux archéologiques de l'Histoire. On l'a cru le chaînon manquant, le British Museum est subjugué, les plus grands experts, les Anglais croient triompher de leurs rivaux français et... Une enquête d'autant plus digne de Sherlock Holmes que son père Conan Doyle figure parmi les suspects.

Crimes et voyance

Steven Goldstein

Dès le début de mon enquête, une grande question s'est posée à moi: Est-ce que tous ces récits que j'ai retrouvés font appel à la crédulité ou y a t-il une réalité cachée?
Un grand voyant de l'ère stalinienne, Wolf Messing, a pour pendant Erik Jan Hanussen qui a prédit l'accession de Hitler au pouvoir, ainsi que l'incendie du Reichtag. Il sera assassiné.
Olof Jonsson participera avec Ferdi-nand Marcos à la recherche des trésors enfouis par les Japonais.
Gale Saint John retrouve le corps de deux enfants assassinés et enterrés dans une zone de 1200 km^2.
Maria Rosa Busi indique l'endroit précis, au fond du lac de Como ou se trouve la voiture et le corps de Chiara.

ISBN
978-2-940349-21-0

Les jumeaux maléfiques

John Glatt

Il est de notoriété publique que les jumeaux ont une sensibilité différente de celle de l'ensemble de la population. Certaines études ont prouvé que même lorsque les jumeaux sont séparés à la naissance si l'un d'eux sombre dans le mal le second, bien que n'étant pas en relation avec son jumeau, peut devenir également maléfique. Dans le cadre de cet ouvrage les défauts, les monstruosités et les crimes se multiplient par deux.
John Glatt, né en Angleterre a plus de 25 ans d'expérience dans le journalisme d'investigation couvrant le crime et le show-business. Il a écrit six livres et partage son temps entre New York et Londres.

ISBN
978-2-940349-24-1

Infanticides

Etienne Jallieu

Un bon père de famille, «routard du crime», kidnappe un garçon et une fillette pour les violer et les étrangler. Une baby-sitter asphyxie les bébés confiés à sa garde. Une mère tue six de ses enfants et se suicide. Un duo de pervers sadiques enlève un frère et une sœur pour donner libre cours à leurs pulsions. Un adolescent aux fantasmes de décapitation se dévoile dans un journal intime.
Tous ces assassins ont commis des infanticides, qu'ils soient pédophiles, meurtriers de masse ou tueurs en série. Leur parcours criminel est retracé par «Etienne Jallieu», pseudonyme collectif de Stéphane Bourgoin et d'Isabelle Longuet.

ISBN
978-2-940349-26-5

L'Année du Crime

Etienne Jallieu

Le présent ouvrage propose une sélection d'articles sur des faits divers criminels internationaux, des plus anecdotiques aux plus graves et retentissants. Les sujets abordés sont variés: cannibalisme, cybercriminalité, enfant tueur, enlèvement, infanticide, police scientifique, pédophilie, satanisme et meurtres rituels, sectes, tueurs en série, tueurs de masse, vampirisme, viol – pour ne citer que ceux-là.

ISBN 2-940349-07-X

Faux et faussaires

Brian Innes

ISBN 978-2-940349-23-4

Les faux et les escroqueries et, ceux qui les commettent, captivent notre attention. Ce livre passionnant restitue les détails les plus étonnants des plus grands scandales de l'histoire. Vous découvrirez comment et pourquoi ces escrocs ont réussi leurs coups, des détails sur la façon dont ils ont monté leur machination et des éléments nouveaux expliquant l'impunité dont ils ont bénéficié pendant des années. Ces histoires incroyables sont restituées de manière vivante, illustrées de photos révélatrices et accompagnées de «dossiers du faussaire», présentant des faits peu connus sur les criminels, leurs forfaits et les avatars qui suivirent. Ouvrez ce livre rempli d'histoires de faussaires et d'escrocs audacieux.

Bien que faisant partie intégrante de la collection, ces deux ouvrages sont hors série et leurs dimensions sont 190 x 250.